EL SANADOR DE QUEBRANTADOS 2

GEORGE PANTAGES

George Pantages Ministries

Derechos Reservados © 2019

El Sanador de Quebrantados 2
Por George Pantages

Titulo original del libro en inglés:
The Heartbreak Mender 2

Impreso en los Estados Unidos de América

ISBN 978-0-9989538-5-4

Todos los derechos reservados exclusivamente por los autores. Los autores garantizan todo el contenido es original y no infringir los derechos legales de ninguna otra persona o el trabajo. Ninguna parte de este libro puede ser reproducida en cualquier forma sin el permiso de los autores.

A menos que se especifique lo contrario, todos los pasajes de las Escrituras son extraídos de la versión Reina-Valera 1960 (RVR1960)

Cell 512 785-6324
geopanjr@yahoo.com
Georgepantages.com

TABLA DE CONTENIDO

Capítulo 1
Nora Casas
Qué hacer cuando una enfermedad crónica se apodera de tu vida?............ 11

Capítulo 2
Stephanie Pantages
Depresión me llevó a intentar suicidarme 25

Capítulo 3
Samantha Marín
De niña fui discapacitada pero no lisiada 39

Capítulo 4
Isabel Clavesilla
Mi sufrimiento me llevó a una vida de oración intercesora 55

Capítulo 5
Unique Arreaga
Tuve que lidiar con cáncer a los quince años 67

Capítulo 6
Renie Madrid
Cuando accidentes amenazan la vida, Dios tiene la última palabra 83

Capítulo 7
Esther Zazueta
Superé cáncer 91

Capítulo 8
Daniel & Jasmín Torres
Nuestro matrimonio se salvó cuando nuestro bebé casi se muer 101

Capítulo 9
Andrew & Tamara Goodwin
Dos años de edad es demasiado joven para morir 117

Capítulo 10
Diana Cardenas
El quebrantamiento fue mi entrenamiento para el ministerio 129

Pastor Rodolfo & Martha Guía

DEDICACIÓN

Hace unos 11 años dimos un gran paso de fe al dejar California para vivir en Texas. En mis oraciones, el estado de los Longhorn parecía ser donde Dios nos quería. Fue un gran desafío porque no teníamos familia o amigos en Texas. Cuando finalmente nos instalamos en Cedar Park (las afueras de Austin) estábamos muy satisfechos con nuestra decisión. Fue entonces cuando un cambio llego a la forma como funciona nuestro ministerio. En lugar de esperar a que los pastores inicien una invitación, el Señor me pidió que yo tomara la iniciativa y comenzara a llamar a pastores en el área. Aterrorizado porque iba a llamar hombres de Dios que no conocía y, lo que es peor, que no me conocían, llamé a un pastor en particular que desde entonces ha sido de gran ayuda para nuestro ministerio. No solo abrió las puertas de su iglesia, sino que también se tomó el tiempo de recomendarme a otros pastores en el área para que yo pudiera establecerme.

Hasta el día de hoy, todavía ministramos en su iglesia, aunque muchos de sus miembros están asustados por cómo se mueve el Señor cuando ministro. Su continua ayuda es muy apreciada, pero honestamente puedo decir que su amistad es aún más valiosa. Nuevamente, gracias pastor y hermana Guia por todo lo que han hecho por nosotros.

APRECIACIÓN

Me gustaría tomar este tiempo para apreciar a las siguientes personas por su contribución para la publicación de este libro:

Michelle Levigne – Editor
Mlevigne.com

Luis Villegas – Diseño de portada
illuistrations@gmail.com

Dalila Janos – Traducción de Español

María Pantages – Tipografía

Su profesionalismo y habilidad se ve a través de todo el proceso entero, haciendo mí escribir mucho mejor de lo que en realidad es.

Nora Casas

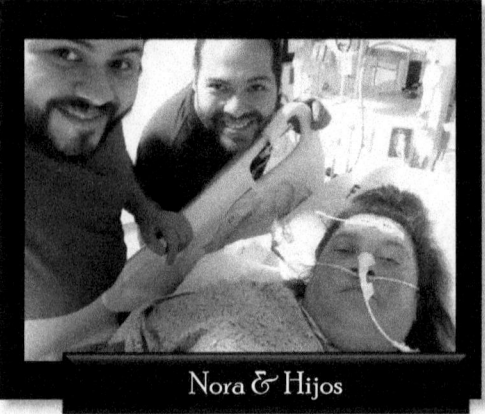
Nora & Hijos

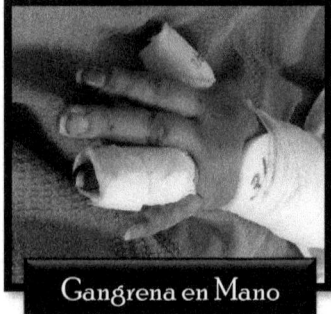
Gangrena en Mano

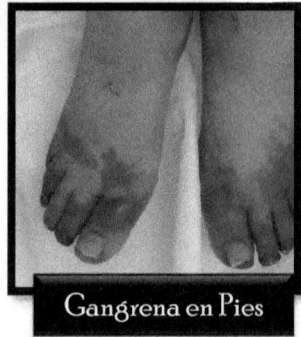
Gangrena en Pies

CAPÍTULO 1

Nora Casas

Guardándome virtuosa hasta el matrimonio para la experiencia de vivir "feliz para siempre," quedo bajo de mis esperanzas. Desde muy temprano pude comprender que algo estaba mal después de haberme casado. En el principio no sabía muy bien que tomaba la atención de mi esposo, pero había señales que me asustaron gravemente. Apenas habíamos pasado la etapa de la luna de miel cuando mi marido empezó estar distante y preocupado no solo con el ministerio sino más con él mismo. Él no pudo formar una relación íntima ni proveer un compañerismo profundo que mi alma anhelaba. Nada pudo prender una llama en nuestra relación, no lo pude entender. A veces yo trabajaba arduamente en la cocina creyendo que lo que le prepara para comer no solo lo iba a complacerlo pero que se dispusiera a un romance por la tarde.

El dicho que dice, "el camino al corazón de un hombre es por medio de su estómago," no funciono para mí. Cuando él llegó a la casa, la mesa estaba lista, las velas estaban prendidas, pero nada funcionaba. Se lo traje a su atención, pero cayó sobre oídos sordos. Empezó a dejarse físicamente, y poco a poco el hacer el amor era más y más infrecuente y menos interesante.

Al principio, como todos los recién casados, pace por alto sus defectos porque sentí y creí que "lo bueno" sobrepasaba lo malo y que todo iba a estar bien. Un compromiso para toda la vida era lo que yo esperaba, y nunca en mis sueños más increíbles pensé que mi vida sería así. Por alguna razón, ignoré todas las señales de advertencia.

Era joven y muy pronto con un bebe en camino cuando la realidad se presentó. Fue necesario tomar un trabajo para suplir nuestros ingresos cuando rápidamente me di cuenta de que la vida del ministerio llevaba un gran sacrificio, y principalmente de mi parte. Mi matrimonio no se murió lentamente de hambre; mi matrimonio fue dañado en cuanto me di cuenta de que estaba casada con un hombre que estaba adicto a la pornografía, lo cual guardaba en secreto. A mi horror, lo mire en sitios de pornografía, lo cual me devastó. Cada de mis sueños de matrimonio que pude imaginar fueron destrozado por el pecado sexual escondido. Mirando hacia atrás, ahora todo tiene sentido porque él era tan disfuncional. La desconfianza consumió mis pensamientos y odiaba el pecado que tomó toda su atención. Estaba herida y avergonzada de nuestra vida. No era fácil para mí porque sentí que no podía exponer a mi esposo, quien era un pastor, padre, y el hijo de un dignatario muy conocido de nuestra organización. Sentí que nomás tenía que aguantarme. Mi matrimonio fue controlado por una adicción de pornografía que él no pudo vencer, lo que finalmente causo que se derrumbara. Triste decirlo, fue un pecado que afecto mi fe en

Dios también. Afrentada con horrendos hechos de traición, comencé a separarme de Dios, culpándolo por permitir este caos. La hipocresía de la que me sentía parte, la presión de fingir que tenía toda mi en orden, todo fue una gran mentira. Todo era demasiado para mí. A nadie le gusta ser descubierto y nadie estuvo a mi lado para navegar por estas aguas turbulentas. Al final, nos separamos y terminamos en divorcio. Lo peor de todo esto fue que parecía que a nadie le importaba. Mi mundo era triste, deprimido, solo y tenía tanto coraje que me separé de Dios también pensando que estaba vengándome con Él, pero realmente estaba cayéndome más y más en la oscuridad. Ya no tenía un clamor en mi corazón para Él. Me sentí como una víctima y el pecado me separó más y más de Dios. También culpaba el mundo entero por mi vida miserable y todas las cosas que me agobiaban. Luché por la vida herida y resentida y no pude superar el recuerdo de mi soledad en mi matrimonio.

Estaba tan abatida que comencé a ver patrones de comportamiento tóxico que en breve me afectarían físicamente. En mi depresión, recurrí a la comida para consolarme, y comer en exceso se convirtió en una obsesión. La alimentación adictiva era un comportamiento autodestructivo que luego destruiría mi salud, ya que pronto leerás las circunstancias traumáticas y casi irreales que enfrenté. Esta adicción casi me quitó la vida. Odiaba el pecado que consumió nuestras dos vidas, ¡pero fue mi pecado el que casi me mata, literalmente!

Dieciocho años después, estaba tan perdida y lejana de Dios. Mi vida llegó a estar espiritualmente muerta. No hablaba con Dios en oración, y no estaba atendiendo lo que me decía en Su Palabra. Dejé de leer mi Biblia. Batallé tanto para regresarme, una batalla que sabía que el diablo no se rendiría fácilmente. Tomó una experiencia con unos demonios en mi hogar para comprender que yo necesitaba liberación del diablo quien quería mi alma. Nunca olvidare la vez que sentí su presencia horrible en mi cuarto que me dio escalofríos por mi espalda y los cabellos de mis brazos se enchinaron, no dejándome dormir. Toda la noche me aferre de mi Biblia para protegerme, creyendo que haciendo esto podría escaparme del drama en mi vida, hasta que me pude dormir. A veces duraba toda la noche leyendo la Biblia, pidiéndole a Dios que me perdonara. Recuerdo tratando arduamente de alcanzar a Dios después de tantos años de oscuridad y vergüenza, sentí que había traicionado a Dios. Esa misma noche me despertó la presencia de un "ángel" que me abrazo con una sensación tan suave de protección. El amoroso y dulce sentir que Dios me dio me dejó saber que a pesar de la situación que me encontraba, Él me había perdonado y que Él me protegería.

No pasó mucho tiempo cuando mi fe fue probada una vez más, Él me escogió para pasar por esta condición crónica. No sé todo Su propósito en esto, pero creo que parte del motivo es para ensenarme algunos de Sus principios para vivir que le trae gloria, bendecirme, y hace mi fe crecer aún más fuerte para poder estar de pie a pesar de lo que pueda venir a mi camino...

El día que me informaron que mis riñones habían fallado, estaba yo enferma con lo que yo pensaba era bronquitis. Pasaron semanas, y aun con antibióticos yo no mejoraba. El doctor me dijo, "Lo siento, pero tenemos que hospitalizarte." Le llame a mi hermano quien era mi pastor. ¡Me sorprendió con lo que me dijo! Me dijo que Dios estaba poniendo me por algo para probando mi fe. Inmediatamente me caí en el elevador clamando, "No, a mí no. ¿Señor, por qué? Los doctores dijeron que en cuanto me pusieran un catéter, que iban a proceder con diálisis, y obviamente prometieron que me sentiría 100 por ciento mejor. Yo no sabía que iba ser una sentencia de muerte. No solo tuve dificultad ajustándome, pero las complicaciones siempre me seguían. Sobre los años, los problemas de enfermedad de los huesos, la alta presión, el daño a los nervios, y la anemia atormentaban mi cuerpo. Trece años tratando con enfermedades crónicas es una jornada dolorosa y larga. Tantos médicos con quien tratar, tratamientos sin fin, estar hospitalizada constantemente, todo empujaba mi resistencia a sus límites. No puedo ni empezar a explicar lo difícil que ha sido para mí. Tratamientos tres veces a la semana sin fallar con ninguna garantía que me iba a mejorar. ¡Complicaciones de colapso de las venas e infecciones, lo cual me agobiaba cada vez!

Gradualmente, mi salud disminuyó y comencé a enfrentar aún más malas noticias. Una década de sufrimiento profundo con enfermedades crónicas fue una vida para la que nunca estuve preparada. ¡Era demasiado para mí soportar, demasiado para comprender, y cambiaría mi vida para siempre! La única forma en que pude sobrevivir fue a través de mi fe en Él. Algunos días fueron más difíciles que otros, cada día fue un reto. Sintiéndome sola enfrentando preguntas sin respuestas y emociones. Tantos exámenes, tantos medicamentos, tantos diferentes diagnósticos. ¿Cuándo se iba a terminar?

Luego descubrí que tenía síndrome antifosfolípido. Esto es (Es un desorden inmune donde los anticuerpos son conectados con coágulos sanguíneos, lo cual podría causar derrame cerebral.) No hay remedio para esta enfermedad. Un coagulo sanguíneo en mi pie derecho causó que me durmiera en una silla reclinable por un año y vino un temor sobre mi preocupada que el coagulo iba llegar a mi corazón o mi cerebro.

Mis plaquetas se convirtieron en un reto y tenía que ver un oncólogo/endocrinólogo. Los niveles estaban tan bajos que me forzaron a quedarme en el hospital otra vez. Mientras estaba yo allí, me dijeron que había la posibilidad que pudiera morir de desangre. Luego pase por exámenes de mi espina dorsal para medula ósea, con la posibilidad de tener leucemia.

¡Guau! ¿Y ahora qué? ¡Tanto temor! Sentí que tenía que aprender todo lo posible sobre mi cuidado y no siempre confiar tanto en los médicos. Fue muy importante para mí para poder confiar que Dios me iba a ayudar.

Decidí tomar tratamientos de diálisis en mi hogar en 2010 el año cuando mi hija se graduó de la preparatoria. Tan solo unos días después del 4 de julio fui hospitalizada con un dolor en mi estomago que no aguantaba. Algo estaba muy mal, luego descubrí que tenía peritonitis. Era una condición grave que necesitaba atención médica inmediatamente. Ocupaba antibióticos intravenosos para tratar la infección. A veces es necesario tener cirugía para remover tejido infectado. La infección puede derramarse y ser fatal si no se trata rápidamente. Me pusieron en soporte vital por tener infección bacteria con séptico (microorganismos malignos que están en la sangre, causando que los órganos fallen, choque séptico o muerte) por todo mi cuerpo. Los doctores abrieron mi estómago y removieron el catéter para diálisis. Dejaron mi estomago abierto para poder sanar. Los días se convirtieron en semanas, las semanas se convirtieron en meses y no pensaban que iba sobrevivir. Mi colon tenía un hoyo y esto causo más problemas. Los doctores me dieron noticias aún más devastadoras que posiblemente necesitaría una colostomía. Es un procedimiento quirúrgico que conecta el intestino grande de un lado por la estoma y por los músculos abdominales. El excremento pasa por el intestino escurriéndose por la estoma a una bolsa que esta apegado al abdomen. Hablé con mi cirujano y él me dijo que era posible que mi colon pudiera sanar. ¡Puse mi confianza en Dios y elegí una jornada larga de recuperación! Había pasado meses en el hospital y me sentía tan sola. Recuerdo orando y diciéndole al Señor que no podía hacer esto sola y que me enviara visitantes para alentarme. Debido al inmenso dolor, me dieron un medicamento intravenoso llamado "dilaudid," un narcótico que me volví adicta. Tuve dificultad enfocándome, estaba irritada, triste y sentí que mi cuerpo deseaba más antes de llegar a la cuarta hora, deseaba endrogarme más. Reconocí que estaba dependiente del medicamento de dolor y no quise estar adicta a la droga. Le pedí a mi pastor que viniera a orar por mí y desde ese día negué el medicamento solo dependiendo completamente en Dios.

La diverticulitis causó una quebradura, derramando excremento del intestino en mi abdomen. Dos bolas de succión quirúrgica fueron colgadas de mi estómago para bombear el líquido mezclado con excremento. Trate con enfermeras de aspiración y cuidado domiciliario diariamente. ¿A qué rumbo llevaba mi vida? La palabra SANIDAD impresiono mi corazón y de repente mi fe en Dios creció más fuerte, esperando que Dios sanara mi colon y que regresara a lo normal. Durante tres meses y medio de estar en el hospital, Dios contestó mis oraciones. Cada día tuve un visitante y mi colon sanó después de ocho a diez meses.

A veces no encontraba el ánimo para seguir, o la motivación para mirar hacia adelante. Muchas veces sentía que la gente pensaba que estaba siendo castigada y que no podía ser usada por Dios debido a mi enfermedad y el pecado, pero es lo que el diablo quería que yo creyera. Me convertí en una aprensiva, pasando noches sin dormir preguntándome si "Dios realmente me amaba a mí." Me sentí afligida muchas veces por la gente que me hacía sentir que no tenía suficiente fe para ser sanada. Me hicieron sentir que yo hice algo mal. Lo peor fue que sentí que Dios estaba decepcionado conmigo. He llorado más lagrimas que puedo contar. El dolor consumía mi cuerpo y solo sabía que era demasiado para aguantar. Empecé sentir la presión de estar debilitada. Aun Dios guardaba todas mis lágrimas. Esto lo tengo por seguro (Salmo 56:8). Ser crítico no ayuda y hace que la persona juzgada se sienta alienada y más sola. Perdona a quienes te fallan, ya sean amigos, familiares o incluso la familia de tu iglesia. Perdona y sigue adelante

Luego me extirparon el bazo y ahora tengo que tener cuidado porque el bazo proporciona defensa contra virus y neumonía. Solo mi suerte, uno de cada mil se ve afectado y esa era yo. Cuando supe que estaba yo enferma con pulmonía, las enfermeras no prestaban atención a mis quejas de escalofríos. Me dijeron que no tenía otros síntomas para tomaron un cultivo. Después de varios días de quejarme, hasta el punto de tener escalofríos toda la noche, llame al nefrólogo a las tres de la mañana. Me dijo que me fuera directamente al Salón de Emergencia. En vez de eso, me fui a la diálisis, y cuando regresé no tuve las fuerzas para salir de mi carro. Mis vecinos me ayudaron a salir de mi carro. Odiaba el pensamiento de regresar al hospital, pero sabía que tenía que ir. Cuando alguien ha pasado tanto tiempo en el hospital como yo, es más difícil querer regresar para ser hospitalizado. Mi hijo me llevó inmediatamente y me llevaron a un salón para examinarme. La pulmonía ya estaba séptica, un estado que peligra la vida. Hicieron examen tras examen, y me dijeron que tenía ser puesta en diálisis de veinte cuatro horas. Pusieron el catéter. No podía mover mi pie porque podía morir, así fue como me lo explico la enfermera. No puedo describirles la cara de la enfermera. Parecía diabólica, y entro un temor sobre mí. Sentí que mi vida estaba en peligro.

Llame a mi pastor, pero él estaba fuera de la ciudad. Después le llamé a mi sobrino, pero él estaba trabajando y no pudo llegar al hospital. Me dijo, "Tía, Usted tiene la gloria de

Dios con su cabello largo." Eso fue cuando le pedí a mi hijo que me soltara mi pelo. Rogué en el nombre de Jesús, "¡Eres Santo Señor! Manda tus ángeles ministradores que me protegen a mi alrededor." En cuanto clamé el nombre de JESÚS, comencé a hablar en lenguas cuando apareció la presencia de tres ángeles, uno en cada lado de mí y uno a mis pies. Mis lenguas se convirtieron en riza, y luego le dije a mi hijo, "aquí están y estaré bien." ¡Mi hijo me dijo que mi cara cambio de un amarillo pálido a un color rosita suave! Desde ese momento me pusieron en diálisis por cinco días sin parar y siete días de soporte vital. Llamaron a mi familia porque dijeron que solo tenía 1 por ciento de sobrevivir, y que no daban muchas esperanzas que yo iba salir de aquello. Mi familia llegó de lejos, los miembros de la iglesia oraban por mí día y noche, y me pusieron en una lista nacional de oración durante este tiempo. Mientras yo estaba en las máquinas de soporte vital, mire visiones de la gente perdida y consumidos con Snapchat, y con fotos inapropiadas que subían y compartían. En los siete días, recuerdo escuchando la voz de Dios audible en mis oídos que me decía, "Dile a mi pueblo que yo vengo pronto, que guarden mis mandamientos." Recuerdo que batallaba con la enfermera que luchaba y peleaba conmigo, y luego desperté después de siete días. Tenía moretones en las muñecas donde peleaba con la enfermera en mis visiones. Después me enteré de que yo trataba de remover los tubos de mi boca, por eso amarraron mis manos. A mi sorpresa, mis manos y mis pies estaban negros y azules debido a la mala circulación de sangre, y la gangrena tomó lugar. Al menos pensarlo mis pies se pusieron necróticos y los doctores hablaron con mi familia sobre amputar mis pies y mis manos. En cuanto supe mi estado, yo no podía y no iba aceptar esto. Comencé con mis manos, de apretar una pelota para ayudar a que la sangre circulara por mis manos. Era una batalla larga hacia adelante, pero nada me iba derrumbar. Solo pensaba que ahora es el tiempo de pelear y Dios milagrosamente se movió a ayudarme y solo podía escuchar, "Estad quietos y conoced que yo soy Dios." Después de diez meses de estar en cama, los dedos de mis pies estaban completamente necróticos y momificados. Bueno, solo me quedaba estar quieta. Con el cuidado de heridas diario de las enfermeras y el riesgo de infección, no podía aceptar perder los dedos de mis pies. El día que uno de mis dedos se cayó solo fue tan difícil de mirar y muy doloroso de tratar de caminar. Gracias a estar postrada en cama y convaleciendo en dolor, el deseo de vivir estaba muriendo lentamente. Tenía un sentir de inservible y no quería enfrentar una vida en silla de ruedas, ni quería depender o ser una carga para mi familia o mis amigos. Tenía lágrimas por la noche, clamando a toda hora. Mi hija llegaba y me preguntaba si yo estaba bien. "¡NO, deseaba que me hubieran dejado morir!" En este lugar de oscuridad, no quería continuar. Me fui a la iglesia cada domingo y tuve que esforzarme. Aun pasando por esta incesante pesadez, ¡Su Gloria iluminaba milagrosamente! Yo danzaba y alababa al Señor durante este tiempo difícil. Llegó la decisión de amputar los dedos de mis pies que quedaban. A veces el diablo ponía en mi mente, si no hubieras danzado o caminado, tal vez no habría dañado mis pies y tal vez no hubiera perdido mis dedos.

¡Guau! Todos los zapatos que cuidadosamente combine con cada uno de mis vestidos eran inútiles. Regalé muchos de ellos y al final me deshice de los demás. No más zapatos abiertos, no más pedicuras, no más zapatillas altas. El proceso era inaguantable y muy emocional. Tuve que usar zapatos terapéuticos con Velcro. ¡Qué aburrido! Cuando ya no hay cosas materiales que uno toma ligeramente, hace uno darse cuenta de que esas cosas consumieron su vida más de lo que deberían.

Después de la primera cirugía me quedé con dos dedos y medio. Estaba deformada y trate de balancearme para poder caminar sin una silla de ruedas o un andador. ¡Tanto dolor! Tomaba Norco cada cuatro horas para ayudarme con el dolor, tambaleando y sintiéndome inútil. Dios estaba conmigo a cada momento. No podía moverme literalmente por el riesgo de recibir infección o gangrena. Cuando la segunda cirugía quitó los últimos dos dedos y medio, se burlaba mi hermano de mí y me llamaba "dos dedos." Arriesgué mi salud por no amputar mis dedos desde un principio, y pasé por diez meses bajo el cuidado de una enfermera cuidando mis heridas solo para que me los amputaran de todos modos. Luego me di cuenta de que la gente se puede morir de gangrena, sabía que Dios me amaba tanto con todo lo que perdí, y todavía tenía yo el aliento de vida. De eso estoy realmente agradecida.

En cada paso podía ver la bondad de Dios y abrace mi enfermedad, el sufrimiento y las pruebas con gracia. Es cuando podemos crecer en virtud y morar en Su amor. La enfermedad crónica puede ser una carga, pero la gloria de Dios ilumina aun cuando mi cuerpo se siente como que no puede seguir adelante. Hay dolor constante, y tengo una dieta estricta que necesito guardar para evitar más complicaciones. Normalmente mi cuerpo está muy cansado para seguir por el día sin tomar una siesta. Generalmente estoy mareada, con nausea y fatigada sin ganas de comer, debilitada, con problemas de dormir, con calambres y mis músculos torciendo, constante comezón, y dolor en mi pecho si los líquidos se acumulan alrededor de mi corazón. Esto incluye falta de respiración si se me junta el líquido en los pulmones, anemia, huesos débiles con un alto riesgo de fracturar mis huesos.

Tengo la respuesta inmune disminuida que me hace susceptible a la infección. He faltado a eventos especiales y no recibo invitaciones, así que me quedo en mi casa sola manejando mi dolor o descansando mi cuerpo fatigado, siempre mirando a Dios en todo.

La enfermedad crónica es acompañada por sufrimiento constante, pero también con un gozo constante. Dios es mi consolador y Él me trae gozo.

Estando en mi cama de muerte, me ha dejado mirarme claramente en el espejo. Estoy agradecida que Dios me dio una segunda y tercera oportunidad. Realmente necesitaba un despertar de cómo estaba viviendo. Pude ver la gente con sus relaciones tóxicas y como destruían sus matrimonios, creyendo que ahora puedo ayudarles. Por el otro lado, para aquellos que batallan con enfermedades crónicas, puedo compartir con ellos que no importa que venga lo que venga, ¡Dios siempre es fiel! Haciendo tiempo para Dios en cada situación es lo que me acerco a Él. Los días y noches que lloraba, Su presencia siempre me acompañaba con tanto amor.

Recientemente, me enfrenté a otra prueba, solo que esta vez estoy en estado de shock, no hablar ni orar a Dios. Verá, he estado haciendo el trabajo de revisión para mi trasplante de riñón. Me negaron dos veces en el pasado por obesidad. Diez años después, he perdido 110 libras, por lo que no pueden negarme ahora, "¿verdad?" ¡Incorrecto! Después de hacer un ultrasonido de mi corazón, descubrieron algo. Estaba caminando como debería y me alimentaba bien, ¿cómo puede ser? Ahora estoy pasando por otro examen llamado TEE (ecocardiografía transesofágica). Es un instrumento especial que contiene un ultrasonido transductor en la punta y es pasado por el esófago del paciente mostrando una imagen y una evaluación Doppler que puede ser grabada, haciendo fotos detallados de mi corazón y las arterias que entran y salen del corazón. La enfermera me dijo, "estamos haciendo este examen porque encontramos una masa en tu corazón, una masa en el aterió derecho para ser exacto." Solté todas mis emociones y no pude parar de llorar. Los resultados no eran buenos – "el musculo del corazón estaba débil" – y niveles de infracción de 25 por ciento. Mi trabajadora social me informó que no podían hacer un trasplante de riñón y que necesitaba ver una especialista para posiblemente tener una cirugía de corazón abierto. "Señor, líbrame y ayúdame ser más que vencedora." Le pedí que quitara todo temor y puse mi corazón en Sus manos. Un nuevo examen mostró los niveles de infracción al 45 por ciento, y el doctor no pensaba que ocupaba la cirugía de corazón abierto. Dios siempre está en control, aun cuando dudamos en el camino. Él siempre fue fiel y siempre ha traído la victoria a mi vida.

En algún momento, mis emociones se calmaron y enfrenté mi nueva realidad. Yo no soy la persona que era antes, aunque la enfermedad crónica robó tanto de mí. Mis deficiencias físicas me han limitado, pero no me pararon de ser determinada de compartir mis dones y talentos con otras mujeres. Soy voluntaria en un centro de ancianos, instruyendo tejer, coser y bordar. Ser una voluntaria edifica la autoconfianza y contribuye al sentirme con valor y autoestima. Ayuda vencer el aislamiento social.

Dios transformó mi mundo en poder compartir consolación, esperanza y apoyo a los que están sufriendo. Ayudando a otros ganar un perspectivo y edificar un propósito significante en sus vidas es mi nueva misión en mi vida. El sacrificio de Cristo nos da perfecta esperanza, sin mencionar el ayuda en ambos buenos y malos tiempos. ¡¡¡Aleluya!!!

Información de Contacto:
Norahanddesign@yahoo.com

Stephanie Pantages

De Niña

Casa en Rancho Cucamonga

CAPÍTULO 2

Stephanie Pantages

Cuando somos jóvenes, soñamos con todo lo que seremos. Hacemos planes para nuestras vidas y esperamos que todo salga como deseamos que sea. Lo que casi no nos dicen es que el fracaso será un gran parte del proceso, y más veces que no, son en esos fracasos que llegamos a ser lo que estamos destinados a ser. Muchas veces el dolor es compañero de nuestro propósito. Es fácil perderse en las expectativas de cómo nuestras vidas deben de mirarse cuando llegamos a una cierta edad. Cuando esto no sucede, nos ponemos a pensar cómo fue que nos equivocamos. Cuando mi papá me pidió que escribiera un capítulo en este libro, le respondí con una risa. Yo pensaba que él estaba bromeando, porque acababa de expresarle como yo me sentía perdida. Estoy en mis 30s y me siento como un fracaso. Yo sé que no debemos de compararnos con otros porque la comparación es el ladrón del gozo, pero yo estoy aquí para ser sincera con mis batallas y espero que, de alguna manera, te puedas relacionar. Le pregunte al Señor, ¿qué es lo que debo de escribir y porque importa mi testimonio? Seguí escuchando, *"Tu testimonio no es uno de castigo, pero es de preparación para tu propósito. Es necesario sentir dolor, lagrimas deben de caer. Es hora de dejar de huir de Mí".* Estoy segura de una cosa, y eso es que cada persona leyendo este libro conoce el dolor de un corazón quebrantado. Viene en muchas formas, y es más que posible que sucedan en maneras que tu no esperabas y de las personas que tu más confiabas. He pasado por un sin número de noches llorándole a Dios, pidiéndole que me dejara morir. He pasado la mayoría de mi vida huyendo del Señor porque tenía miedo de confiar en Su plan. Fue solo recientemente que el Señor me mostró un dolor oculto en lo profundo de mi corazón que me mantuvo en ciclos tóxicos de los que no he podido romper. Me sorprendí como Dios abre un camino cuando Él sabe que estas a punto de ir demasiado lejos.

    Sin saberlo, el pasado noviembre mí papá y mi madrasta vinieron a California a visitar familia. Sucedió que los encontré en uno de nuestros restaurantes favoritos de hamburguesas y sabía que Dios estaba dándome una manera de confesar para arrepentirme de las cosas que estaba haciendo. Yo peleaba la convicción del Señor mientras estaba sentada con ellos mientras ellos terminaban su comida. Yo sabía que mi papá podía sentir que algo estaba mal conmigo, pero me quedé cayada. Pasó un día o dos y me humillé, le llamé a mi papá, y le pedí si pudiéramos reunirnos para hablar. Me sugirió que fuéramos a comer algo y estaba de acuerdo.

Aunque siempre he tenido una relación especial con mi papá, no recuerdo nunca haber hablado con él sobre lo que me pasó durante la separación y divorcio de mis padres. Era como si tuviera dos infancias. Una estaba llena de memorias maravillosas de mi papá llevándonos al parque que quisiéramos cada sábado. Íbamos a la librería pública donde jugaba rayuela en una alfombra grande en el área de los niños. Yo recuerdo que era mi papá quien me enseño como pasearme en una bicicleta y como amarrar mis cintas de zapatos. Cuando tenía cinco años, lo escuchaba prepararse para su trabajo y estaba cantando o silbando. Ahora que estoy mayor, me encuentro cantando y silbando igual que mi papá. También tengo más sobrenombres que mis hermanos, y me encanta como yo tengo mi propio canto especial. Mi papá está en muchas de mis memorias más atesoradas. Quizá de alguna manera estaba tratando de proteger mis buenas memorias y mantuve en secreto una parte oscura de mi infancia de mi papá. Tuve que decidir confiarle con mi dolor para dejar lo que estaba a punto de confesar tuviera sentido. Desde que puedo recordar, mi mamá y yo hemos tenido una relación tensa y complicada. Yo soy uno de tres hijos. Soy la niña del medio. Mi mamá bromeaba que, si yo hubiera nacido primero, quizá ella no hubiera tenido más hijos. En su defensa, mi hermano mayor era muy bien portado, un niño cayado, y yo era lo opuesto. Yo era independiente, con mucha energía, una niña con mucha curiosidad. Yo era difícil de aguantar, y había tiempos cuando mi mamá era abusiva física y verbalmente hacia mí. Para aquellos quienes no conocen a mi mamá, confíen en mí cuando les digo que ella era y todavía es bellísima. Yo quería mirarme como ella, y sentí como que yo era una decepción porque no llegué a su nivel. Ella tiene una figura pequeña, y cuando yo estaba joven ella tenía cabello muy largo, hermoso y lacio. Yo nací con cabello chino, una figura curvada y era más alta que ella a la edad de once años. Mi mamá me criticaba sobre mi peso, y recuerdo leyendo un comentario en mi libro de infancia diciendo que yo era una niña gordita cuando tenía cinco años. No sé cuándo comenzó, pero empecé a usar comida como un mecanismo de supervivencia. Recuerdo que tenía ocho años cuando mi mamá encontró envoltorios vacíos de golosinas escondidos debajo de mi armario. Su reacción me aterrorizo tanto que me fui corriendo fuera de mí recamara pasando mi papá en la sala y saliendo por la puerta del frente. Corrí en la oscuridad por unas cuantas millas y finalmente llegué a mí casa. Cuando di la vuelta por la esquina, miré a mi papá a la entrada de la cochera de nuestra casa con su cabeza caída. Se miraba tan triste y quería decirle, quería confiar en él, pero tenía miedo de que él tomara el lado de mi mamá y que las cosas empeoran, así que guardé el abuso en secreto. Tuve la bendición de vivir en la misma calle de mi abuela Amelia y mi papá Leo, así que cuando el abuso de mi mamá era demasiado, me iba a la casa de mis abuelos para sentirme amada y segura otra vez.

Mi abuela era increíblemente bondadosa, y me hacía sentir segura, digna y que no era tan difícil de amar. Cuando me metía en problemas, no tenía miedo de ella, pero pude respetar el hecho que ella me explicaba el por qué era mal que había hecho. Ella me dejaba hacer preguntas y me hacía sentir que lo que tenía que decir era importante. Mirando hacia atrás, siento que gravité hacia mi papá porque él y mi abuela tenían personalidades similares. En el verano de mis trece años, nos mudamos de Pico Rivera, CA, a Rancho Cucamonga, CA, debido al reubicación del trabajo de mi papá. Odiaba la situación. Para empeorar las cosas, no fue mucho tiempo cuando mi papá decidió dejar su trabajo para evangelizar por tiempo completo. En este punto de contarle a mi papá mi testimonio, comencé a llorar porque sabía que yo tenía que compartir con él los detalles de cómo decidí intentar el suicidio por primera vez. Él sabía que yo lo intenté, pero nunca le di los detalles como lo intenté. En ese tiempo tenía quince años y estaba sin mi abuela y mi papá. El abuso de mi mamá era demasiado y quería que el dolor se terminara. Recuerdo que me peleé con mi mamá cuando mi papá estaba fuera del estado, predicando. Cuando él llegó a la casa, él me preguntó cómo estuvo mi fin de semana, porque Dios le avisó que yo estaba en problemas y que él necesitaba orar por mí. Lloré y le dije como mi mamá siempre estaba comentando sobre mi peso y como me hacía sentir inservible. No le dije que me tomé una botella de pastillas, esperando quedarme dormida y nunca despertar. Mi papá ofreció de ayudarme con ir conmigo a caminar hasta lograr llegar a correr. Me ayudó, pero era temporal porque él comenzó a evangelizar más frecuentemente y estaba fuera del hogar por periodos más largos. Intenté algunas veces más de quitarme la vida, cada vez consumía más y más pastillas, sin entender porque Dios no me dejaba morir. Era como que Él me sacaba las pastillas de mi estómago, no importaba cuántas pastillas me tomaba, solo pasaba toda la noche deponiendo. Así que finalmente me rendí. A este punto, mientras explicaba mi testimonio a mi papá, comencé a llorar porque sabía que estaba por compartirle las memorias más difíciles.

    Cuando Dios abrió la puerta para que me mudara de regreso a California de Texas, estaba tan irritada con Él por traerme a la ciudad donde mi vida fue destrozada. Actualmente yo vivo menos de cuatro millas del hogar donde vivíamos como una familia. Cuando llegué a Rancho Cucamonga en los fines de abril de 2018, pasé por mi casa donde yo vivía y miré la ventana de mi recamara. Me senté allí mirando a la casa y lloré en mi carro mientras las memorias corrían por mi mente, y cada una era más dolorosa que la última. Le pregunté a Dios porque Él me estaba haciendo esto. ¿Por qué me estaba torturando? Todo era demasiado, y le rogué que se detuviera. Un recuerdo de mi cuando yo tenía 15 años paso por mi mente. Estaba jugando con la vecina en su patio de atrás y me caí torciendo mi tobillo tanto que no podía caminar. Mi hermana corrió hacia nuestra casa, y mi hermano y mi papá me ayudaron al carro para llevarme al hospital. Tenía planes de ir a correr con mi papá por la tarde, y mi mamá me acusó de lastimarme a propósito para no hacer ejercicio. La miré en un estado de shock. ¿Como pudiera pensar que yo haría esto a propósito? Mi tobillo estaba tan lastimado que tenía que usar muletas por varias semanas. Mientras estaba llorando, la próxima memoria pasó por mi mente. Recordé cuando mi mejor amiga, Tina, vino para recogerme para poder pasar la noche en su casa. Una hora antes de que ella llegara, mi mamá me llevó al trabajo y tomó esta oportunidad para dejarme saber que ella y mi papá se iban a separar y que ella no me quería. No le importó que yo estuviera en medio de mi último año de la preparatoria. El pensamiento de moverme era inaguantable. Mientras salí del carro y caminaba al frente de la puerta, sus palabras repetían en mi mente. Ella no me quería. Al entrar al edificio, podía sentir las lágrimas calientes cayendo de mis ojos. Mi supervisora vino a verme y me preguntó que estaba pasando. Yo no podía hablar. Solo estaba llorando incontrolablemente, y después de unos minutos, le explique qué pasó entre mi mamá y yo en el carro mientras íbamos en camino a mi trabajo. Mi supervisora fue muy amable y me dejó ir a mi casa. Lo siguiente que recuerdo es que mi mejor amiga estaba sentada conmigo en los escalones en frente de mi casa mientras lloraba. Finalmente nos fuimos a su casa, y lo último que recuerdo era tirando mi bolso de dormir en el piso de su recamara y llorando en su cama. Era la primera vez que sentí mi corazón ser quebrantado. Físicamente me dolió, y me sentí como que me estaba muriendo. Me sentí completamente indigna, rechazada, sin amor, abandonada, rota y confundida. ¿Cómo puede una persona quien me trajo a este mundo decir estas cosas sin considerar como sus palabras me afectarían? Realmente la odiaba. Ella rompió mi confianza por la última vez a la edad de 17 años e hice paz con el hecho que esta mujer nunca iba a cambiar. Terminé con ella. Nuestra relación no se reparó hasta la edad de casi treinta años, pero después hablaré de eso. La última memoria comenzó a correr por mi mente, y era el último día que quedamos en nuestra casa. Me recordé de cada detalle. De repente estaba cerrando la puerta de mi recamara y lo atranque para poder estar sola. Miré a mi recamara vacía y luego me caí al piso y lloré con lágrimas amargas mientras escondía mi cara en la alfombra. Yo sabía que nada iba ser igual otra vez, y era en ese momento que le dije a Dios que no quería nada que hacer con Él o Sus planes para mi vida. Culpé a Dios por romper a mi familia, porque Él era el que hizo a mi papá un evangelista sabiendo que lo alejaría de nosotros por largos periodos de tiempo. Me gradué de la preparatoria en ese mes, y en vez de sentir esperanza para mi futuro, sentí temor y coraje. Estaba sentida con mi papá y mi hermano porque me dejaron sola para vivir con mi mamá y mi hermana. No era hasta que me moví a la ciudad de Modesto dos años después que pude perdonarles, porque vi que ellos también estaban batallando como yo.

En el primer año después de que mis padres se separaron, mi mamá, mi hermana menor y yo nos mudamos mucho. Mi hermana recientemente había empezado su primer año de la preparatoria e hice lo mejor que pude para estar allí con ella. Le di un sobrenombre de cariño "Kid," porque mi mamá no estaba allí mucho, y sentí que tenía que llenar el lugar de mi mamá. Mis padres se casaron cuando tenían veintiuno años, y después de veinticinco años de matrimonio, mi mamá finalmente pudo sentir libere de hacer lo que quisiera. Eventualmente se enamoró de un hombre que no era bueno con mi hermana y yo. No podíamos entender porque ella estaba escogiendo a él en vez de nosotros. Cuando yo tenía casi 20 años, le pregunté a mi papá si yo pudiera mudarme hacia el norte con él y mi hermano, porque sabía que yo estaba a punto de tratar de suicidarme otra vez. Le expliqué que mi mamá y yo nos peleábamos constantemente, y que, aunque yo nunca era físicamente abusiva con ella, llegué cerca de hacer algo cuando ella seguía provocándome. Lo bueno fue que mi hermana le dijo a mi mamá que se apartara y que se saliera de nuestra recamara, y nos sentamos juntas y lloramos. Le dije a mi hermana que tenía que dejarla, y que me sentía como una decepción porque yo quería estar a su lado, pero era demasiado para mí. La niña que solía ser, que estaba llena de alegría, se estaba muriendo, y no estaba lista para renunciar a ella. Los próximos años de mi vida son borrosos. Mi relación con Dios no existía, y todos los sueños y planes que yo tenía para mi vida ya no importaban. Me sentí como que perdí mi propósito y que todo lo que aprendí mientras crecía en la iglesia era una mentira. Sentí que Dios no me amaba, así que no quería perder mi tiempo amándole a Él. El espíritu de rechazo tomó mi corazón y mente, y permití que el dolor me cambiara. Acepté las mentiras que el diablo me estaba diciendo la mayor parte de mi vida, y aunque podía pelear contra nuevos intentos de suicidio, no estaba exactamente viva tampoco.

    Cuando tenía 22 años, me enamoré por primera vez. Éramos amigos y nos conocimos en el trabajo, fue completamente inesperado. En ese tiempo estaba viviendo con mi papá y mi hermano en Arcadia, California cuando comencé a ser rebelde contra mi papá y sus reglas, y me echó fuera de la casa. Mi mamá no me permitió vivir con ella, así que mi prima Melissa me dijo que podía vivir con ella mientras resolvía las cosas. El sentirme abandonada y malentendida con mis padres solo me llevaba a acércame más a mi novio Carter. Dos meses después de que mi papá me echó de su casa, mi abuela Amelia falleció. Seis meses atrás, ella sufrió un derrame cerebral. Esto fue el resultado de las complicaciones de un procedimiento de angioplastia que ella hizo sin avisarnos porque no quiso preocuparnos. No puede aguantar el dolor de perderla porque ella era más como una madre para mí que mi propia madre. Mi coraje con el Señor aumento y mi anhelo de sentirme segura y amada me causó de hacer la decisión de mudarme con Carter. Estuvimos juntos por casi tres años, y cuando rompimos nuestra relación, el espíritu de rechazo creció más grande. Mi papá se casó de nuevo y decidió moverse para Texas. Le pedí que me dejara ir con él porque necesitaba un nuevo comienzo. En verdad, yo estaba corriendo del dolor. Nunca había estado en Texas y sabía que iba ser difícil, pero nunca esperaba que fuese ser tan difícil como fue. Mi papá y María continuaron evangelizando por tiempo completo, así que ellos estaban fuera del hogar por varios meses. Era fácil de esconder mi depresión de todos. Llegué al punto donde no salía del apartamento y no podía dormir. Finalmente comencé a ver una terapista y comencé a tomar antidepresivos y pastillas para dormir. Los estaba tomando por siete meses y luego tres meses después que paré de tomar los medicamentos, me moví con mi mamá y mi padrastro quienes vivían en Colorado. Perseguí una carrera en la industria del cuidado de salud. Yo pensé que esa era la razón principal que Dios me llevó allí, pero durante un año y medio que estuve con mi mamá, nuestra relación fue reparada. Era difícil en el principio y peleábamos bastante. Después de tiempo podíamos tener conversaciones profundas y ella compartió conmigo como mi abuela era física y verbalmente abusiva con ella. Mi corazón se quebrantó mientras ella lloraba contándome cómo fue su infancia, y por primera vez sentí compasión por ella. Ella creció en una familia grande y ella tenía que trabajar desde una edad temprana para ayudar a la familia. Todo este tiempo yo pensaba que mi mamá era fría y cruel, pero ella también estaba en dolor como yo. Ella no sabía cómo tratar con lo que le hicieron sus padres. Con mi papá ocupado con la iglesia, ella estaba a solas seguido, entonces se sentía abrumada. Mi mamá también compartió como mi abuela fue abusada, y luego pude reconocer que era una maldición de generaciones. Sabía que esto tenía que terminar conmigo. Ella y mi padrastro se mudaron para Texas y yo me quedé en Colorado por otros seis meses antes de mudarme a Texas con mi papá y María en el otoño de 2015. Recuerdo llorando en el teléfono, diciéndoles cómo me sentía perdida, y como yo estaba frustrada conmigo misma por no poder progresar. Yo me odiaba por no vivir a mi potencial. No entendía porque Dios seguía jalando a mi corazón pidiéndome que regresara a Él. Solo lo estaba decepcionando. Luego mi papá me dijo que no podemos decepcionar a Dios, porque cuando decepcionamos a alguien, quiere decir que nuestras acciones los sorprenden, y Dios ya sabe lo que vamos a hacer antes de hacerlo.

Me moví para Texas y me quedé allí dos años y medio antes de regresarme a California en la primavera del año pasado. La transición ha sido inconfortable, sola, y dolorosa, pero me ha ayudado a ser honesta conmigo misma sobre lo que me estaba deteniendo. Estaba cansada de correr en círculos. Quería caminar hacia adelante y estar libre del peso de mi dolor. Empecé a darme por vencida. El diablo se burlaba de mí por tratar de reparar mi relación con Dios, había tratado tantas veces anteriormente y el resultado siempre era el mismo. Eventualmente siempre regresaba a mi mecanismo de sobrevivir toxico. Estaba enfurecida conmigo por no poder avanzar y pensaba que la profecía que se habló sobre mi vida era incorrecta porque seguía haciendo los mismos errores esperando resultados diferentes. Pensé que Dios se dio por vencido conmigo porque no podía hacer las cosas bien. Sobre los últimos cuatro años, permití que el diablo usara el temor sobre mí para causarme a bajar mis valores y conformarme con hombres quienes yo no quería como para esposo. Sabía que yo merecía más de lo que me estaba conformando, pero le dije a mi papá que estaba muy atemorizada de rendirme a Dios porque vi su ministerio crecer cuando nuestra familia se estaba rompiendo. ¿Qué tal si me permitiera esperar a un esposo que fuera hombre de Dios, solo para divorciarme porque no podía aguantar el llamado que Dios tiene para mi vida? Pensaba que si me conformaba por un esposo que era menos de lo que yo merecía, entonces el dolor iba ser menos cuando él me dejara porque me recordaría que de todos modos él no era lo que yo quería. No sentía que yo era digna de esperar que Dios me diera un matrimonio bendecido por Dios, entonces yo trataba de hacer las cosas por mi propia cuenta. Me estaba haciendo más mayor y desesperadamente yo quería tener hijos. El diablo me decía que tenía que tomar las cosas en mis propios manos, porque para el tiempo que yo me entregara completamente a Cristo sería muy tarde, así que pensé que era mejor de escoger un hombre que llegaba casi a lo que yo quería en un esposo y preocuparme de las consecuencias después.

Cuando termine de confesarle a mi papá, él me consoló, terminamos nuestra comida y nos fuimos por nuestros caminos separados. Un día o dos después, el me llamó y me dijo que el Señor le dijo que me dijera que no me preocupara por tener hijos, porque cuando me casara que yo me iba a embarazar casi inmediatamente. El Señor nunca me había dicho algo así, Lo amo por permitirme aferrarme a esta promesa mientras Le permito hacer mi corazón nuevo otra vez. Yo sé que algunos de ustedes quizá se sienten como si Dios se ha olvidado de ustedes y que han perdido las esperanzas de ser libres de lo que les está agobiando. Si no recuerdan de lo que he escrito hasta este punto, necesito que recuerden las siguientes palabras. Yo también me sentía como que Dios se había olvidado de mí. Me enterré en una tumba tan profunda que no podía ver una salida. Yo entiendo cómo se siente cuando estas llorando en la media noche, pidiéndole a Dios que te deja morir para poder tener paz. Mi historia solo está empezando, pero en medio del caos y la confusión, estoy escogiendo confiar en Él. Ya no estaré de acuerdo con las mentiras que dicen que estoy destinado a permanecer en este círculo vicioso de depresión, desconfianza, rechazo, miedo y abandono. El Señor nos ha dado a cada uno de nosotros lo que necesitamos para ser libres, pero también tenemos que recordar que tenemos que participar en la batalla por nuestras almas. No podemos continuar en los mismos ciclos esperando que Dios honre nuestra desobediencia. Les puedo asegurar, que Él no honró mi desobediencia. Habrá tiempos cuando te sientes solo, porque me he sentido igual durante este proceso y también harás errores como yo. Está bien, pero necesitas levantarte y continuar siguiendo adelante. Necesitas dejar el pasado y recordar que, aunque te sientas como que estas estancado en el mismo capítulo de tu vida por muchos años, no puedes seguir viviendo de esta manera. Antes de pedir perdón por todo lo que he hecho, Él Hizo un camino de escape para mí, y tiene uno para ti. Yo no soy diferente de ti, yo no soy más especial que tú. Yo soy una prueba viviente que Dios es misericordioso, amoroso y que Él nos perdona. En este momento tengo más preguntas que respuestas, y aunque no sé cómo Dios me va a usar, o como Él nos unirá a mi futuro esposo y a mí, Dios me está dando la habilidad de confiar en Él a pesar de las inseguridades. Nada es imposible para Dios y no hay situación que Él no puede solucionar para tu bien. Él tomó la ciudad donde mi vida fue destrozada, la ciudad que una vez guardo mi más profundo dolor, y lo hizo nuevo otra vez. Mi fin que en un tiempo era doloroso se ha convertido en un comienzo hermoso. Espero que elijas confiar en Él incluso cuando no tiene sentido. No estás solo, y yo estaré orando para todos los que lean este libro. Quiero que sepas que es posible tener paz y alabar a Dios mientras esperas. Gózate en la esperanza, porque aunque mi vida no ha resultado como había planeado, Él está usando mi dolor para un propósito más grande. Mis mejores días no han quedado atrás y estoy segura de saber que Él guardó lo mejor para el final.

Información de Contacto:
SLPantages@gmail.com

Samantha Marin

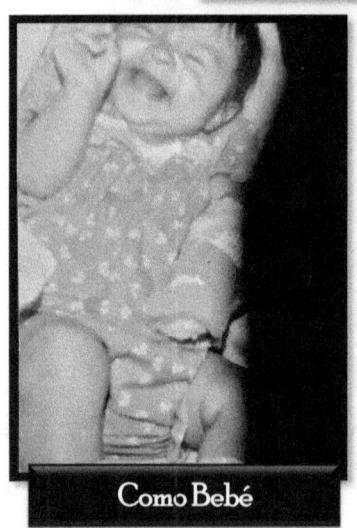
Como Bebé

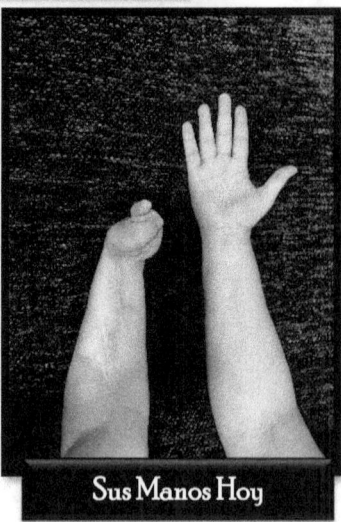
Sus Manos Hoy

CAPÍTULO 3

Samantha Marín

Ahora, más que nunca, estoy convencida que Dios tiene un plan para cada vida. Él no hace errores, y Él camina junto con nosotros antes que estemos conscientes de Su presencia en nuestras vidas. Él conoce el final desde el principio, y Él puede tomar una tragedia y tornarla hacia algo hermoso. Esta es mi historia.

El Accidente

Fue una tarde calurosa en junio del 1990. Mis padres estaban regresando de una entrega en Las Vegas. Mi papá era dueño de su propia compañía de camiones, y muchas veces el llevaba a mi mamá en sus viajes largos. Cuando ellos regresaron a la ciudad, mi papá dejó a mi mamá en la iglesia para recoger su auto. Ella recogió el auto y fue a recoger a mi hermana y a mí de la casa de su mamá. Después de recogernos, ella regresó a la iglesia para reunirnos con mi papá quien estaba esperándonos en su camión. El plan era que ella iba a seguir a mi papá a la yarda de camiones para dejar su camión, y entonces él iba a manejar el auto y llevarnos a casa. La yarda de camiones estaba como veinticinco minutos de la iglesia. Mientras ellos llegaban más cerca la yarda, mi papá se rebasó en frente de ella para llegar a la yarda antes de ella. Él quería estacionar el camión y vaciarlo antes que ella llegara. Mi mamá estaba cambiando carriles para juntarse a la autopista 405. Lo último que ella se recuerda era mirando un camión de dieciocho ruedas cambiándose a su carril.

Mi papá llegó a la yarda de camiones, terminó todo lo que tenía que hacer y se sentó para esperar a mi mamá. Después que paso un tiempo que ella no llegaba, el sintió que algo estaba mal y decidió regresarse sobre la autopista para ver si ella tenía una llanta desinflada. Se regresó a la autopista y había mucho tráfico. Se salió de la autopista y tomó la calle para subirse a la autopista por la vía opuesta. Mientras el manejaba por la entrada de la autopista, él miro en su espejo retrovisor y vio nuestro carro volcado con las llantas en el aire girando. Inmediatamente frenó, puso el camión en reverso a donde estaba el accidente y salto del camión corriendo hacia el auto.

Cuando él llegó al auto, un patrullero de la carretera trató de detenerlo de acercarse más. Él le dijo al patrullero que su familia estaba en el auto que estaba en el accidente e inmediatamente lo dejaron llegar al área del accidente. Mientras él corría, él me vio, un bebe de cuarenticinco días de edad, tirada en la carretera rodeada de paramédicos. Una señora que estaba hincada lo miro en sus ojos y le dijo, "No se preocupe, todo va a estar bien." (Mas tarde, él pregunto por la señora, pero nadie la vio; él cree con todo su corazón que ella era un ángel.) Él miro a mi hermana Chanel, aún no tenía dos años, la estaban sujetando en una camilla con una abrazadera alrededor de su cuello. No encontraba a mi mamá por ningún lugar. Cuando él pregunto por ella, ellos apuntaron hacia otra ambulancia. Él miro adentro del trasero de la ambulancia y vio a mi mamá acostada sobre una camilla, cubierta de sangre. Fue a su lado y trató de hablar con ella, pero ella no respondía. Él continúo tratando de despertarla. No podía abrir sus ojos, pero podía escucharlo.

Le pregunto, "Lynn, ¿qué paso?"

Ella podía escuchar a mi hermana y a mí gritando, pero ella no podía responder.

Él le pregunto otra vez, "¿Qué paso?" y al fin ella respondió, "¿Dónde están las niñas?" Él respondió, "Ellas están bien," y él dijo, "No te preocupes, solo ponte en contacto con Dios." Ella comenzó a orar y luego perdió la consciencia.

Mi papá trató de subirse en la ambulancia para ir con ella al hospital, pero el patrullero de la carretera le dijo que no podía dejar su camión en la carretera. Él tenía que regresar el camión a la yarda, pedir prestado un carro de su patrón y luego irse al hospital.

Cuando llegó al hospital, le dijeron que tenía que esperar. Todas estábamos en condiciones críticas, los doctores estaban examinándonos para ver que grave estaban nuestras heridas. Durante este tiempo en el salón de espera, mi papá llamó a su pastor. Nuestro pastor estaba fuera de la ciudad y no podía venir al hospital, pero él llamó a los miembros de la iglesia para comenzar una cadena de oración. Eventualmente salió un doctor para avisarle a mi papá que la situación se miraba muy grave y que quizá él estaría regresando a su hogar solo porque su familia probablemente no iba a sobrevivir. Cuando sucedió el accidente, el impacto fue tan fuerte que mi mamá y mi hermana fueron expulsadas del auto. El doctor le dijo a mi papá que su esposa estaba en coma e inconsciente. Su hija mayor, Chanel, tenía el cuello quebrado, y la bebe (yo) estaba en condiciones críticas. El impacto del accidente causo que el auto volcara varias veces. Yo todavía estaba atada a la silla infantil, y mientras el auto se volcaba, mi brazo izquierdo fue aplastado vez tras vez. Mi codo fue empujado hasta mi hombro, y mis manos estaban destrozadas y completamente negras. Los cirujanos tuvieron una reunión por varias horas para determinar cómo podían manejar mi cirugía. Sería muy complicado y peligroso porque yo era tan pequeña.

Después que el doctor habló con mi papá, él tuvo que esperar otra vez porque todavía no lo dejaban vernos. Mientras él estaba esperando, el asistente pastor llegó y comenzaron a orar por nosotros en el salón de espera. Después de un tiempo los dejaron visitar a mi mamá en su cuarto de hospital, pero ella estaba completamente inconsciente. Mi papá y el asistente pastor oraron por ella y luego fueron a visitar a Chanel en su cuarto de hospital. Cuando entraron al cuatro de Chanel, las enfermeras le dijeron a mi papá que no la movieran porque tenía un aparato ortopédico para su cuello y todavía estaba atada a la tabla porque su cuello estaba quebrado. Las enfermeras aflojaron las correas para que pudieran orar por ella imponiendo manos sobre su cabeza, y el asistente pastor y mi papá oraron por ella. Cuando terminaron de orar por ella y empezaron a remover sus manos de su cabeza, ella fue sanada al instante e inmediatamente se enderezó. Las enfermeras estaban asombradas. Ellas llamaron al doctor para revisarla, y no podían encontrar nada mal en ella.

Después de orar por Chanel, mi papá y el asistente pastor regresaron para orar por mi mamá otra vez. Cuando terminaron de orar por ella, abrió sus ojos. Inmediatamente ella comenzó a preguntar sobre qué había pasado, pero no podía recordar que paso o como sucedió el accidente. Los doctores entraron para revisar a mi mamá de nuevo y encontraron que ella no tenía heridas graves o huesos quebrados. Ella tenía unos cuantos rasguños, pero aparte de esto, ella estaba completamente sana. Después de un reviso final, los doctores permitieron que mi mamá regresara a su hogar, pero decidieron mantener a Chanel en observación por la noche. Estaban completamente perplejos como Dios la había sanado instantemente; querían asegurarse de que realmente estaba sana.

Antes de regresar a la casa, les avisaron a mis padres de mi condición crítica. Mis heridas eran graves y habían causado hemorragia interna. Los cirujanos iban a comenzar una cirugía microscópica de 10.5 horas para tratar de reconstruir los huesos y salvar mi brazo, mi mano y mis dedos. Sin embargo, tenían que darme altas dosis de morfina y anestesia. Advirtieron a mis padres que las dosis eran muy altas para un bebe de 45 días de edad. Dijeron que, si yo no moría de mis heridas, podía morir de las altas dosis de morfina y sedantes. Pidieron que mis padres firmaran permisos librando al hospital de responsabilidad en caso de que yo muriera. Ellos regresaron al hogar y yo entré a cirugía.

El siguiente día mis padres regresaron al hospital para ver a mi hermana y a mí. Mi hermana estaba completamente bien. Ella no tenía heridas y la dieron de alta por la tarde. Me movieron a la unidad de cuidados intensivos y estaba recuperando de la cirugía. Estaba fuertemente sedante y no estaba despierta o consciente. Los doctores explicaron de nuevo que la situación todavía estaba crítica. Durante la cirugía mis pulmones se habían colapsado. Pudieron lograr que volviera a respirar, pero logré la cirugía con el uso de un solo pulmón. Tuvieron que poner alambres de metal dentro de mi brazo, mano y dedos para tratar de reconstruir el brazo y mantenerlo en su lugar. Durante mi recuperación, yo estaba atada a mi cama, mi papá dijo que él recuerda que mi mamá lloraba porque ella no me podía abrazar. A pesar de todas estas circunstancias, la iglesia siguió orando por mi recuperación y por mi sanidad.

Después de unos días, los doctores regresaron para hablar con mis padres sobre mi progreso. Estaban preocupados porque una parte de mi mano y todos mis dedos todavía estaban negros, lo que significaba que la sangre no estaba circulando apropiadamente. Advirtieron que gangrena podría entrar y causar una infección que se extendería por todo el brazo y hacia el resto de mi cuerpo. Querían amputar mi brazo hasta el humero (el brazo de arriba). Mis padres rechazaron la petición de amputar, y continuaron orando, así como el resto de los miembros de la iglesia. Las oraciones funcionaron porque unos días después, parte de mi brazo y tres de mis dedos se volvieron color rosita (que es señal de una buena fluidez de sangre y piel nueva), y los doctores estaban felices con mi progreso.

Después de algunos días, no había más mejoramiento. Mis dedos del índice izquierda estaban completamente muertos y marchitos. El hueso de mi dedo del medio también se había podrido a causa de los dedos muertos. Los doctores dijeron que no podían esperar más para amputar los dos dedos que quedaban y remover el hueso podrido de mi dedo de medio. Comenzaron a prepararse para otra cirugía mayor. Les pidieron a mis padres que firmaran exenciones de nuevo porque la cantidad de anestesia y sedantes que se ocupaba para una cirugía tan grande podría matarme. El día de la cirugía llegó, y mis padres estaban en el salón infantil en el hospital, visitándome antes de la cirugía. Mientras ellos me visitaban, mi papá sintió el ángel de muerte entrar en el hospital. Él le dijo a mi mamá que tenían que ir a la iglesia inmediatamente. Cuando llegaron a la iglesia, mi papá tocó la puerta del pastor y pidieron a hablar con él. Los recibió en su oficina y mi papá le dijo al pastor que mientras ellos me estaban visitando, el sintió el ángel de la muerte entrar al hospital. Su pastor le dijo que tendría que hacer lo más difícil que había hecho en su vida. Le dijo a papá que fuera al altar con mi madre, y juntos tendrían que entregar a su bebé a Dios. Él dijo, "Tienen que entregar su bebe a Dios. Si Él se la quiere llevar hoy, tienen que entregársela." Se fueron al altar y lloraron y oraron juntos. Completamente me entregaron a Dios en ese día, y luego se levantaron del altar y manejaron hacia el hospital. Mientras manejaban al regresar, el Espíritu Santo lleno el carro, y mi mamá comenzó a laborar en el Espíritu. Ella oró por mí todo el camino hacia el hospital. Cuando entraron por las puertas del hospital, un bebe salía del salón de cirugía en una camilla cubierto en una sábana.

Mi mamá agarro el brazo de mi papá y grito, "¡Gerry!"

El la agarró de la mano y le dijo, "No te preocupes, deja ir a revisarla." Él fue a la estación de enfermeras y les pregunto por mí. Las enfermeras le dijeron que se esperara un momento para tener una respuesta. Ella regresó y le informó que yo todavía estaba en cirugía pero que todo estaba bien. Estaban aliviados, y después que se terminó la cirugía, pudieron visitarme en mi cuarto.

Cuando mis padres entraron a mi cuarto, yo estaba despierta y bebiendo agua. Les informaron que la cirugía fue bien. Sin embargo, durante la operación, uno de mis pulmones se colapsó otra vez. A pesar de eso, los cirujanos amputaron dos de mis dedos en mi mano izquierda con éxito y removieron el hueso podrido del dedo en medio de la mano izquierda. Tenía más de 200 puntadas que extendieron desde mi brazo superior (donde el codo se había empujado hacia arriba) hacia mi mano y mis dedos. Durante mi recuperación, mi mamá se pudo quedar conmigo y finalmente me pusieron en mi propio cuarto en el hospital. Después de algunas semanas, los alambres de metal que estaban manteniendo a mis brazos y mis dedos fueron removidos y me permitieron regresar a mi casa (tenía un poco más que tres meses de edad). Mi mamá aprendió como cuidar a mi brazo y mi mano. Ella tenía que cambiar mis vendajes y limpiar mis heridas para poder sanar bien. Cuando mis heridas fueron sanadas completamente, y las puntadas fueron removidas, comencé terapia física. Aprendí a hacer fuerza en mi brazo y mi mano y usarlos apropiadamente, y después de tres años cumplí mi terapia. Aunque mis heridas físicas habían sanado, todavía tenía un camino largo de sanidad y recuperación delante de mí.

Creciendo

Aunque yo no tenía una recolección del accidente, yo no me daba cuenta de que el trauma tuvo un impacto duradero sobre mí. Yo era sensible, tímida, una niña emocional. Siempre lloraba y tenía temor de todo. Estaba extremadamente apegada a mi mamá y no me gustaba estar lejos de ella. Aunque yo era un manojo de nervios y lágrimas, mis padres me criaron en una manera bella y con mucho apoyo. Me trataron como una niña normal. Ellos estaban atentos y sensibles a mis necesidades, pero nunca me dejaron ahogarme en autocompasión.

Dos instantes específicos sobresalen en mi mente que demuestran cuanto apoyo me dieron. Cuando tenía cuatro años, mis padres me estaban enseñando como amarrar mis cintas. Me frustraba tanto que lloraba y ellos terminaban amarando mis zapatos. Un día estábamos preparándonos para salir y yo estaba poniéndome los zapatos de tenis. Le pregunte a mi papá que me amarrara mis zapatos y me dijo, "No." Yo recuerdo levantando mis ojos y mirándole asombrada y diciéndole que el necesitaba amarrar mis zapatos porque yo no los podía amarrar por causa de mi mano. Él me dijo que de hecho yo podía amarrarlos. Empecé a llorar y le dije que no lo podía hacer. Él se sentó conmigo en el piso y me mostró cómo hacerlo una y otra vez hasta que los podía amarrar sola. Cuando los pude amarrar por fin, me sentía tan triunfante. Le sonreí, y me dijo, "Nunca digas que no puedes hacer algo, porque si lo puedes hacer."

Otra vez, cuando tenía diez años, estaba tratando de peinar mi cabello (antes de esto, mi mamá o mi hermana me peinaban). Había intentado varias veces, pero no pude hacerlo bien. Me frustré tanto que tiré el cepillo y empecé a llorar. Mi mamá vino al baño y me preguntó qué había pasado. Con lágrimas cayendo de mi cara, le dije que no podía peinar mi cabello debido a mi mano. Ella me abrazó y empezó a llorar. Lloramos por un momento, y luego me separó de ella y me levantó mi cabeza para que la pudiera ver. Me dijo, "Nunca digas que no puedes hacer algo. Tú puedes hacer lo que tú quieras hacer. Nunca uses tu mano como una excusa. Tú PUEDES hacerlo, y tú lo HARAS." Y al final, lo hice.

Mis padres nunca me trataban como una inválida o una discapacitada. Ellos siempre me animaron a intentar nuevas cosas y me trataron como mis otras dos hermanas. No permitieron que diera excusas para no poder hacer algo, y no me dejaron decir, "No puedo." Aprendí a usar mi mano izquierda a su completa capacidad, pero siempre era insegura y tímida. Me apoyé mucho sobre mi familia para su apoyo emocional. Me criaron en un ambiente tan positivo y protegida, pero eso no me preparó para una vida afuera de mi hogar y mi familia.

No todos me veían como mi familia, ni me trataban igual. Miraban mi brazo y mano e inmediatamente me limitaban. Por ejemplo, cuando estaba en el segundo grado en la escuela cristiana de nuestra iglesia, estaba jugando en el tiempo de recreo afuera. Estaba en la línea del juego de cuatro cuadras, y cuando me tocaba a mí, los niños no me dejaban jugar porque decían que no podía atrapar la pelota debido a mi mano. Fui avergonzada y apenada. Era una de las primeras veces que me di cuenta de que yo era diferente de los demás. Situaciones similares ocurrieron varias veces a lo largo de mi infancia, y no me di cuenta de cómo influyeron a mi propio punto de vista hasta que fui mayor. Aunque recibí amor y apoyo en casa, no podía entender por qué otras personas no me trataban como lo hicieron mis padres.

Cuando tenía diez años, decidí aprender a tocar el piano. Hablé con mis padres de esto, por supuesto, estaban completamente de acuerdo y me apoyaron. Encontramos quien me pudiera dar lecciones de piano. Estaba tan emocionada, y no podía esperar para empezar. Recuerdo hablando con mi mamá mientras íbamos en el camino a la casa de la maestra, estaba tan entusiasmada. Cuando llegue allí, había siete u ocho otros estudiantes que ya estaban allí sentados en frente de los teclados. Mi maestra me aparto a un lado y me dijo que solo podía progresar hasta un cierto punto por causa de mi mano y falta de dedos. Ella dijo que había cantos que no iba a poder tocar y que quizá tendría dificultad de tocar. Inmediatamente me sentí desanimada y vergüenza de mí misma. Aun, me sentí ridícula por tratar de intentar tal hazaña. Decidí de no continuar con las lecciones. Sin embargo, mis padres no me dejaron darme por vencida. Me dijeron que un compromiso era importante y que no debería de dejar mi sueño por causa de lo que otros pensaban o decían. Mientras continuaba de aprender el piano y crecer como un músico, encontré que yo tenía un talento para cantar también. (Solo Dios puede darle una voz a alguien quien se colapsó ambos pulmones dos veces.) Ensayaba por horas y me perdía en la música. Cantaba todo el tiempo y me gustaban los cantos de alabanza. Mi pasión para la música y la alabanza creció con el tiempo. A la edad de trece años, estaba cantando y tocando en la iglesia, pero siempre me comparaba con otros músicos. Sentía que mi tocar no era bastante bueno. Temía que nunca sería tan buena como los demás porque me faltaban dedos en la mano izquierda. Sin embargo, me porté como una persona normal (debido a mi crianza), y la gente casi no se daba cuenta de mi mano, si acaso. Sin embargo, en mi corazón, nunca estaba feliz con mi talento y habilidad. Continúe de tocar y cantar y Dios empezó a usarme, pero en lo profundo, estaba infeliz y avergonzada de mi mano.

La Sanidad

A medida que crecía, comencé a preguntarme por qué Dios permitió que me ocurriera tal accidente que cambiara tanto mi vida. Yo no podía entender como Dios podía amarme y permitir que sucediera algo como esto. Yo no quería ser diferente. Yo quería que mis dedos regresaran y que las cicatrices feas se desaparecieran. Puse mis esperanzas en ser sanada. Cuando los predicadores llegaban a nuestra iglesia y predicaban sobre los milagros y sanidades, yo siempre era la primera a llegar al altar. Lloraba y clamaba a Dios que sanara mi mano izquierda y dejara crecer nuevos dedos.

Trataba de negociar con Dios, y le decía, "Si me das nuevos dedos, haré cualquier cosa por ti." Le dije a Dios, "Le puedo decir a la gente sobre el milagro que hiciste en mi vida porque me diste nuevos dedos." Pero cada vez que oraba por un milagro, nunca llegaba. Los predicadores gritaban, "Tu milagro está aquí; ¡recíbelo!" y apretaba mis ojos y le rogaba a Dios por un milagro. Entonces, lentamente abría mis ojos y miraba a mi mano, pero se miraba igual: fea, torcida y marcada.

Comencé a enojarme con Dios y a preguntarme por qué no me sanaba. Decidí que era porque no me amaba lo suficiente. Yo pensaba que Él estaba avergonzado de mí y no entendía porque me dejaba vivir de esta manera. La inseguridad llegó a varias otras áreas de mi vida y finalmente, llegué a ser una persona sensitiva, y muy necesitada con un corazón frágil y roto. No me daba cuenta de que mi sanidad tenía que venir desde adentro.

Durante los años de mi adolescencia, continúe cantando y tocando en la iglesia, pero batallaba constantemente con mis propias inseguridades sobre mi mano izquierda. Estaba avergonzada de mí misma, y quería ser como todos los demás. Aunque Dios continúo usándome, yo no podía amar o aceptarme completamente. Pero Dios continúo siendo paciente conmigo, y mientras yo crecía más mayor, Él comenzó a reparar mi corazón. Yo recuerdo tiempos específicos cuando un ministro oraba por mí y una sanidad profunda llegaba. Una vez, un ministro oró por mí y me dijo, "Deja que Dios sane las áreas de tu corazón que son muy dolorosos de tocar. Él te ama y Él quiere sanar tu corazón, Él no quiere que sufras por dentro." Esa noche, Dios tocó mi corazón tan profundamente que no podía respirar porque el dolor emocional era tan grande. En otro tiempo, nos visitó a nuestra iglesia un ministro con un ministerio profético. Después del llamamiento al altar, él caminó por los pasillos, y él me preguntó qué me pusiera de pie y que levantara mis manos. Cuando miré a sus ojos, sentí que Él podía ver al centro de mi alma. Él dijo que la primera vez que él me escucho cantar y tocar, que él no podía reconciliar el sonido hermoso con lo que estaba en mi corazón. Él comenzó a decirme cómo yo cuestionaba por qué Dios permitió que esto me sucediera. Dijo que Dios le dio una visión de mí sentada en mi habitación llorando y enojada con Dios por mi mano. El oró por mí y sentí el amor de Dios y una sanidad fluir sobre mí. Desde ese día nunca me he visto de la misma manera. Dejé el "porque" y paré de tratar de entenderlo todo. Me entregué a Dios completamente, y Él ha continuado de sanarme y usar mis talentos para Su gloria. He abrazado mi llamamiento completamente y Dios sigue abriendo puertas para poder ministrar con música, enseñar lecciones vocales, de piano, y poder dar talleres de música. He dedicado mi vida a responder a Su llamado y traerle gloria.

 Aun hoy, Dios sigue sanando mi corazón y me demuestra Su amor. El otro día, yo estaba hablando con mi papá, y él comenzó a decirme como Dios marcaba a la gente en la Biblia. Él me dijo, "Cuando te miro, no veo cicatrices y dedos que faltan, yo veo la marca de Dios." Él dijo, "Tu estas marcada por Dios, y Él te usa para Su gloria." Yo nunca pensaba de mis cicatrices y mi mano de esa manera. ¡Qué honra de ser marcada por Dios y ser usada en una manera que Le trae gloria! Comencé a pensar como Dios tomó las cosas que yo odiaba de mí y como Él las usa para Su gloria. Él usa mis pulmones (los que se colapsaron dos veces) y mi voz para cantar Sus alabanzas. Él usa mi mano desfigurada para tocar música que Le trae gloria.

 Ahora cuando veo mis cicatrices y mi mano, yo veo gracia y misericordia. Yo veo un amor que transciende entendimiento. Solo Dios puede tomar una tragedia y tornarla en una victoria. Cuando veo al espejo, veo un milagro viviente, que respira y camina. Cuando siento que voy a comenzar de ahogarme en lastima de mí misma y vergüenza, me mantengo firme a 2ª de Corintios 12:9, que dice, "Y me ha dicho: Bástate mi gracia; porque mi poder se perfecciona en la debilidad. Por tanto, de buena gana me gloriare más bien en mis debilidades, para que repose sobre mí el poder de Cristo."

En Sus ojos, soy hecha formidable y maravillosamente. Soy entera. Soy bella. Soy completa. Nada me falta porque Su gracia es suficiente para mí. Él usa mi debilidad para Su gloria. Él no me ve como otros me miran. Él me ve con ojos de amor. Él tiene un plan para mi vida y Él mira quien puedo ser. Él ha estado a mi lado aun antes de estar completamente consciente de Su presencia. Y, a causa de Él, yo estoy viva hoy, un testamento vivo de Su amor, Su misericordia, y Su gracia...una mujer joven marcada por Dios para Su gloria.

Información de Contacto:
Marin.samantha@gmail.com

Isabel Clavesilla

Carlos Ceniceros

Richard Ceniceros

Mark Thomas (Stucker)

Tres Generaciones

CAPÍTULO 4

Isabel Clavesilla

Realmente no sé dónde comenzar. Hay tantas cosas de las que podría hablar. Cuando me pidieron ser parte de esto, me recordé que una amiga menciono, hace años, "Isabel, necesitas escribir tu testimonio. Otros necesitan escuchar lo que Dios ha hecho para ti y por medio de ti." Así que, cuando George Pantages me preguntó, no tuve duda. No tenemos nada más grande que darle a Dios que nuestra adoración y la palabra de nuestro testimonio. La Palabra, los dones, y la unción, todo pertenece a Él. Desde el Jardín del Edén, Dios ha anhelado una relación con Su creación. Esto se trata de Jesucristo. Verdaderamente, todo lo que conozco es el Señor.

El Sanador de Quebrantados 2

Mi padre, Carlos Ceniceros Sr., antes de que él vino al Señor, era un esclavo a la heroína por más de veinte años. Él era un dictador. Él nos enseñó, a sus hijos, de no confiar en ningún hombre, y que lo que sucede en el hogar se queda dentro de nuestro hogar. Mi papá nos enseñó a permanecer juntos, a ser audaces, y de no tener miedo. Si íbamos a temer algo, iba ser a él. Honestamente puedo decir que había un método a su locura, y le doy gracias a Dios por eso. Mi mamá fue criada en la iglesia, pero nunca se bautizó hasta más tarde en su vida. Yo aprendí a negarme a si misma a una temprana edad, y no por escogerlo yo. Aprendí a no temer al hombre. Pero de una manera, aprendí a temer al Señor y que el temor del Señor es el principio de la sabiduría.

Una de mis memorias tempranas era cuando yo tenía cinco años. Estaba en una fiesta familiar y comencé a sentirme muy enferma. Comencé a vomitar y no podía parar. Tenía una fiebre muy alta y me llevaron al salón de emergencias en el Hospital antiguo del Condado de Los Ángeles. Les dijeron a mis padres que había contraído polio. En esos tiempos, no había vacuna contra el polio, y era conocido como una enfermedad devastadora, causando parálisis sin remedio. Yo era muy pequeña, y no entendía porque yo tenía que quedarme en el hospital y no regresar a mi casa con mi familia. Yo estaba allí por seis meses y tenía frenos en las piernas para caminar. Me recuerdo que mi familia llegaba en los fines de semana para verme, pero tenían que usar mascaras. Le doy gracias a Dios que tuve una abuela que oraba por mí, Hna. Rosas, y creo de verdad que sus oraciones me ayudaron a seguir adelante. Me recuerdo que cuando me dejaron regresar a mi casa, mis hermanos me tenían que llevar del auto a donde necesitaba que ir. Yo recuerdo que cada día mi mamá tenía que ejercitar mis pies. Ella me postraba sobre la meza de la cocina y movía mis pies. Yo era demasiada joven para entender lo que estaba pasando. A mí no me importaba nada de eso porque yo solo estaba feliz de estar en mi casa con mi familia. Muchos niños que contrajeron polio no lo sobrevivieron. Ahora, solo los únicos efectos de tener polio son que una cadera es un poco más alta que la otra y un pie es un poco más corto que el otro. Le doy gracias a Dios por las oraciones de mi abuela.

 Vine al Señor como una doncella. Mi hermano, Carlos, fue uno de los primeros de mi familia de ser bautizados y de recibir el Espíritu Santo, y luego fui yo, después eran mis hermanos y mis padres. Yo siempre pensaba que cuando uno daba su corazón al Señor, que todo salía bien. Me gustaría decir que yo tuve una experiencia de luna de miel cuando llegué al Señor, pero eso no fue mi testimonio. Fui bautizada en agua cuando era una mujer joven y luego fui directamente a Camp Seely para un campamento juvenil. Allí fue donde recibí el Espíritu Santo, hablando en lenguas por primera vez. Recuerdo bajando de la montaña tan emocionada. No podía esperar de compartir mi experiencia con todos, cuando me entero de que el padre de mi hija de tres meses había muerto en un terrible accidente. Durante ese tiempo, me sentía muy confundida, porque hasta ese momento, todo se parecía que se estaba poniendo en su lugar para mí. No podía entender porque el Señor quitó al hombre quien yo amaba, dejándome a mí y mi hija sin él. Pensaba que jamás iba a sanar mi corazón. Esto fue el principio de mi experiencia de "ser nacida de nuevo", y no era nada como lo que yo me imaginaba. Estaba devastada.

 Tomé casi tres años para que pudiera dejar a alguien entrar a mi corazón. Tom era un hombre bueno y amoroso. Yo sentí un amor de él que yo nunca había sentido antes. Él era el amor de mi vida. Sin embargo, mientras pasaban los años, me di cuenta de que él tenía una debilidad debido al dolor de su niñez que lo llevó al abuso de drogas. Yo creo que Tom tomaba las drogas para sedarse o anestesiarse para tratar de adormecer su dolor mental y emocional. Él no tenía las armas o la experiencia para saber cómo ser un esposo, padre y un proveedor para su familia. Yo creo que él sintió que él no podía ser esas cosas, y creo que eso le dio permiso de abandonarnos a mí y nuestros hijos. De nuevo mi corazón fue quebrantado. Fui criada y ensenada que "una vez casada, siempre casada." Quizá era porque mi esposo se llevó mi corazón, pero nunca consideré casarme de nuevo después de Tom – ni si quiera era un pensamiento. Mis lealtades eran para mis hijos. Yo tenía una mamá quien fue leal, así que yo aprendí eso de ella. A este punto, yo estaba más que devastada. Estaba destrozada.

Durante este tiempo de quebrantamiento, me fui de California y me fui con mi hermano, Carlos Ceniceros, Jr., y su familia, quienes eran misioneros en Nueva York. Después de unos meses de estar allí, yo estaba recogiendo a los niños para la escuela Dominical y mi hijo de tres años se cayó del auto y murió al instante. Cuando mi esposo me dejó, estaba tan herida y perdida. Pero cuando perdí a mi hijo, era diferente. Yo di luz a mi niño. Yo estaba conectada a él y él era un parte de mí. No creo que hay una perdida más grande o desesperación profunda que uno puede sentir que perder a un hijo. Lo único que me guardó durante este tiempo era que recordaba que yo siempre oraba al Señor y le decía, "Si mis hijos no Te van a servir, Señor, llévatelos." Yo recuerdo estando en el avión regresando a Los Ángeles para sepultar a mi hijo, sabiendo que mientras estaba en el avión, el cuerpo de mi hijo estaba en el área del cargo en el mismo avión con las maletas. Mi corazón estaba roto en pedazos. El Pastor Willie Mendoza predicó en el funeral de mi hijo. El uso el texto de Jeremías 29:11, *"Porque yo sé los pensamientos que tengo acerca de vosotros, dice Jehová, pensamientos de paz, y no de mal, para daros el fin que esperáis."* A ese tiempo estaba tan quebrantada, aun no podía recibir la escritura.

Diré esto, que la perdida de mi hijo me enseñó a valorar la humanidad. Para mí, la cosa más importante a este lado del cielo es la gente. Descubrí que hoy estamos aquí y mañana ya no estamos. Esta experiencia transformó mi carácter y mi vida para siempre, y estoy agradecida.

Un poco después de eso, sufrí la pérdida de mi hermano, Ricardo, quien era diez meses menor que yo. Mis memorias de Ricardo creciendo eran que él era un niño muy enfermizo. El sufrió de asma en un tiempo cuando realmente no había los medicamentos que ahora tenemos. Yo recuerdo que mi mamá lo sentaba en sus rodillas, ventilando al niño constantemente. Parecía que le ayudaba con su respiración. Mi mamá tendría que llevarlo al hospital todo el tiempo para sus tratamientos de respiración. Para ese tiempo, mi mamá había dado luz a mi hermano menor, Ernie. Como resultado, mi mamá siempre tenía que cuidar a mi hermano Ricardo, yo tenía que cuidar a mi hermano Ernie. Llegué hacer como una mamá segunda para él. Ricardo mejoró al llegar a los años de adolescencia. Solo tenía 25 años cuando, después de un servicio de una velada en la iglesia de Compton en Víspera de Año Nuevo, él se fue de la casa para ir a la tienda a comprar bebidas para la familia, y nunca regreso. Recibimos una llamada telefónica a las 4:00 de la mañana que fue alcanzado por una bala perdida y que lo encontraron muerto en un callejón. De nuevo, estaba destrozada.

Todas estas cosas sucedieron cuando estaba en mis 20's. Aunque no fuimos criados en la iglesia, cuando llegamos al Señor, todos nos ocupamos en el trabajo del reino. Mis hermanos fueron llamados a diferentes lugares – Texas, Nueva York, y yo me involucré con el ministerio local (Sur de California). Durante esos primeros años de quebrantamiento, aunque estaba rodeada por gente y estaba involucrada en la iglesia, estaba muy sola, separada por el dolor y el quebrantamiento. Durante mi quebrantamiento, no tenía más que apoyarme en el Señor Jesucristo. Yo nunca supe en ese tiempo que yo estaba, de hecho, construyendo una relación con el Señor que finalmente me hizo quien soy ahora.

Como diez años después de que falleció mi hijo, mi nieto mayor tenía casi la misma edad de mi hijo cuando él falleció. Mi nieto decía cosas que mi hijo decía, y cuando él falleció, comencé a llorar a mi hijo de nuevo. Yo pensaba que estaba perdiendo mi mente. En ese tiempo, yo estaba involucrada en un accidente automóvil muy grave. Mientras el auto iba girando, recuerdo pensando, "me he sentido de esta manera antes – ¿pero cuando estaba yo aquí?" De repente el Señor me hizo recordar. Me sentí así cuando mi hijo se cayó del auto. Yo pensaba que había pasado por el dolor de perder a mi hijo cuando falleció, pero esto fue más profundo – es difícil encontrar las palabras adecuadas. Le dije a mis hijas que necesitaba separarme, y me encerré en mi recamara para orar. Les llame a mis amigas quienes yo sabía que iban orar por mí. No creo que oré mucho, pero lloré bastante. El Señor me demostró que si Él había permitido que pasara este dolor a esta profundidad cuando falleció mi hijo, no hubiera superado esto mental y emocionalmente. El Señor me demostró que era tiempo de pasar por ese dolor profundamente para que Él pudiera sanarme y hacerme entera.

Llorar perdidas es muy importante. El dolor y la desesperación te pueden llevar a un lugar donde tienes que escoger soltar. He conocido a muchas personas a lo largo de los años, y he oído decir, "Si los hubieras conocido antes de su perdida, eran completamente diferente." En mi experiencia, el "completamente diferente" es una elección. Yo comprendí que la gente quien llegaba a las instituciones mentales o en un estado de depresión profundo, en un tiempo se dieron por vencidos. En el soltar, hay un sentido de libertad – no tienen responsabilidades, no hay expectaciones, y no tienen que rendir cuentas por sus vidas. Esa es su elección, no la del Señor.

Ahora el mensaje es de sanidad interior. No me di cuenta al momento que Dios estaba usando mi quebrantamiento para caminar conmigo por la jornada de yo misma. Cuando estaba creciendo, nunca aprendí a buscar por ayuda de afuera. Si supiera de mentores o tener una consulta de uno a uno con alguien, quizá hubiera pasado por esta jornada mucho más antes. Quizá era la voluntad de Dios todo el tiempo para que solo Él me educara. No recuerdo leyendo libros de autoayuda. No recuerdo apoyándome en mi propio entendimiento porque no tenía ninguno. Aunque estaba sola, no recuerdo sintiéndome sola. Honestamente no puedo aceptar cuando la gente habla de la soledad. Para mí, la soledad es no tener a Dios. Si Usted tiene el Espíritu Santo, realmente nunca está sola. Él ha hecho Su morada dentro de nosotros. Si te sientes solo, estás viviendo por abajo de tus privilegios y no has aprovechado lo que está disponible en el Espíritu Santo.

Yo recuerdo que al principio de mi caminar con Dios, estaba enamorada con mis hermanas en el Señor. Enamorada con sus enseñanzas y pensando que nunca podría hacer eso. Ni siquiera podía memorizar un versículo. Mi pastor me dijo que necesitaba conectarme con mis hermanas en el Señor porque tenía mucho que decir. Lentamente pero seguro, empecé a tener más interacción con ellas. Un día, me di cuenta de que una de ellas era muy grosera y cruel. La miré, y el Señor me habló en una manera íntima y dijo, "Isabel, ellas conocen la Palabra de Dios, pero tú conoces el Dios de la Palabra." Esas palabras resonaron dentro de mí. Lo medité y me di cuenta de que no se trata del conocimiento o la enseñanza, se trata de una relación. El Señor me estaba dejando saber, "Tú me conoces, y tú caminas conmigo." Yo recuerdo ese día, y debido a Sus palabras, las lágrimas fluyeron como un rio incontrolable. Yo aquí me había puesto por debajo de los demás, cuando nada podía ser más lejos de la verdad. Todas mis amigas se estaban casando, comprando casas y teniendo hijos, y todo en sus vidas parecía estar bien. Había tiempos cuando pensaba, "¿Sucederá eso para mí?" Los que me conocen o que han estado cerca de mí, saben que nunca fue por el dinero, nunca por una carrera, nunca por conocimiento. Siempre se trataba de la gente. Realmente nunca tenía la oportunidad para soñar o planear. Debido a mi quebrantamiento y el despojo de todo lo que amaba, el mundo perdió su brillo para mí a una temprana edad.

Tuve muchas pérdidas en mi vida, incluyendo los fallecimientos de mi padre, y mi hermano mayor, Carlos. Hace cinco años atrás, casi perdí a mi hermano menor, Ernie, cuando él salto del segundo piso por una ventana mientras alucinaba por el uso de drogas. Recuerdo que la ambulancia vino y se lo llevaron. Lo perdimos dos veces en el camino hacia el hospital, y una vez más en la mesa del quirófano. Ernie estuvo en una coma por nueve días. Recuerdo que los doctores no nos daban mucha esperanza para que viviera, y nos dijeron que nos preparáramos para lo peor. Yo recuerdo que a todo momento sabiendo sin ninguna onza de duda en mi espíritu, que ningún demonio se iba a llevar a mi hermano de esa manera. Estaba convencida que Ernie iba a vivir. Yo recuerdo que mi hermano, Rudy me decía, "Isabel, necesitamos preparar a mamá." Le dije, "No. Tú prepara a mamá. Ernie saldrá de esto." Cuando los doctores llegaron y me dijeron que querían amputar su brazo debido a sus heridas que el sostuvo cuando se cayó, explicaron que el brazo de Ernie perdió la circulación y que lo tenían que quitar. Les dije, "No. Mi hermano no se va a levantar faltando su brazo." Nadie creía que Ernie iba a sobrevivir. Yo recuerdo que todos estaban mostrando sus emociones en el hospital y yo no derramaba una lágrima. Solo cuando salió Ernie de la coma y lo transportaron al hospital de Rancho Los Amigos para su rehabilitación fue cuando pude quebrantar. Hasta la fecha creo que el Señor lo guardó porque Él no ha terminado con él. Ernie es el hermano que siempre sentía que no tenía ministerio, y eso no es la verdad. Su ministerio todavía está por verse.

Una de las cosas que estoy tan agradecida en mi vida es que tuve una abuela que oraba. Yo recuerdo sus últimos años, yo la cuidaba en los fines de semana. Le decía, "¿Abuela, está lista para ir a su hogar?" Ella nombraba a todos sus hijos y sus nietos uno por uno que todavía necesitaba orar por ellos. Nunca mencionaba mi nombre. Yo recuerdo diciéndole, "Abuela, tu nunca dices mi nombre." Ella respondió, "O, Mija, tú tienes todo." "¿De verdad, Abuela? ¿Qué tengo?" "Bueno, tienes al Señor. Tienes un buen testimonio. Y considerando todo lo que has pasado, Él te ha dado una mente sana." Nunca me di cuenta de lo que ella realmente estaba diciendo, hasta que la vi en su ataúd. Caminé hacia ella y mientras la miraba, el Señor me hizo recordar de sus palabras. El Señor me habló de nuevo en una manera intima, "Puedo ser encontrado. Se puede obtener un buen testimonio. Pero una mente sana, solo yo la puedo dar."

Sé que Dios y solo Dios me rescató y guardó mi mente. Yo sí creo que la voz de Dios si nos habla, sea en nuestro subconsciente o en una voz audible. Para los que tenemos el Espíritu Santo, el Señor vive dentro de nosotros y Él desea hablar y está hablando. Él es Dios de todo, o es Dios de nada.

Ahora, hay un hogar para mujeres en Whittier, Ca. Se llama Morando en el Lugar Secreto. Fue nombrado por el Salmo 91:1, *"El que habita al abrigo del Altísimo Morará bajo la sombra del Omnipotente."* Cuando mi papá falleció, Escuche de la plataforma durante su funeral, "El manto del padre fue pasado a su hija, Isabel." Mi papá logró mirar lo de afuera de esta casa, pero él murió antes de poder ver el nacimiento de este ministerio. Yo nunca reconocí o conecté la realidad de abrir un hogar de fe para las mujeres como un deseo mío. Yo creo que el Señor honró la carga de mi papá, y su llamamiento sigue vivo.

Ahora soy considerada una mujer de oración. La verdad más grande es que esto no fue por elección. No tenía opción. Mi jornada en vivir para Dios significaba pasar tragedia tras tragedia. Estoy familiarizada con la muerte y he paso por mucha perdida y decepción. Sufrí maltratos. Por años yo recuerdo que mis oraciones eran, "Señor, no importa lo que pase, por favor no me sueltes." Yo sé ahora que yo no fui despojada, abusada, y quebrantada sin propósito. Realmente no reconozco la muchacha de ese tiempo, pero nunca la olvidaré, porque sin ella, no sería la mujer de Dios que soy ahora. Yo lo digo con denuedo, porque el mundo no me lo dio, y el mundo no me lo puede quitar. Mirando hacia atrás sobre mi jornada en mi vida, verdaderamente puedo decir que el Señor me ha guardado. Solo tenía al Señor en mi quebrantamiento, y verdaderamente, es todo lo que realmente necesitamos. Él se ha convertido en mi todo. No he desviado de eso. Es muriendo a si mismo que hace nacer un ministerio. Que nunca nos olvidemos que dondequiera que vayamos, tenemos una plataforma para hablar – sea con la familia, amigos, colaboradores o gente que vamos conociendo en la calle. Lo que hemos pasado no es solo para nuestra experiencia, pero es para poder pasarlo a alguien más. Porque el poder de Dios está en la palabra de nuestro testimonio.

Información de Contacto:
Isabel@dwellinginthesecretplace.org

Unique Arreaga

Con Evangelista Mingo García

En el Campamento Juvenil

CAPÍTULO 5

Unique Arreaga

Hola, mi nombre es Unique Arreaga, y tengo 17 años. Soy miembro de la Iglesia Apostólica Centro de Fe en Whittier, California bajo los Pastores Isaac y Ángela Hernández. Mi papa, Gilberto Arreaga, actualmente sirve como asistente pastor, ayudado por mi mamá, Josie Arreaga. Quiero dar un poco de historia antes de compartir lo que el Señor ha hecho en mi vida. Nací y crecí Apostólica; mis padres son muy involucrados en la iglesia, así que tomamos mucho tiempo sirviendo en la casa de Dios. Yo canto en el equipo de alabanza y soy la directora del departamento de medios de comunicación. He tenido el privilegio, desde que puedo recordar, de asistir escuelas cristianas privadas (K-8).

Cuando yo gradué del octavo grado, mis padres decidieron que yo asistiría la escuela pública por primera vez. Mi hermano ya era un estudiante de segundo año en la escuela Preparatoria de Temple City en California, pero yo no estaba emocionada de ir a la escuela pública porque todas mis amigas iban a asistir una escuela cristiana privada en otra ciudad. Fue un tiempo difícil para mí porque era una escuela muy grande, y básicamente, mi hermano y yo éramos los únicos apostólicos allí con 4,500 estudiantes. Siempre he estado bien activa participado en los deportes, especialmente soccer, y mis padres me mantuvieron muy ocupada con la iglesia y deportes. Pero yo siempre tenía más amigas en la escuela en vez de la iglesia, principalmente porque mi iglesia es muy pequeña, y nunca tuve el deseo de ir a visitar a otras iglesias para hacer nuevas amistades. Me adapté bien en la Preparatoria de Temple City, hice muchas amigas nuevas, después me di cuenta de que no eran las mejores influencias en mi vida para mi caminar con Dios. En ese tiempo yo tenía 15 años, era un estudiante del segundo año, y era mi segundo año jugando en un nivel alto de soccer.

    Recuerdo que era alrededor del mes de marzo, el fin de la temporada de soccer, cuando Dios empezó a llevarme por una jornada que cambiaría mi vida. Estaba calentando un día en la práctica, haciendo mi rutina de estiramiento normal y sentí un dolor agudo. Al momento no pensé mucho de ello. Yo pensaba que estaba un poco adolorida del juego o el entrenamiento que sucedió más temprano en la semana, así que lo dejé de pensar. Unos meses después, en mayo, sentí el dolor otra vez cuando estaba levantándome de la cama. Tenía mucha curiosidad y comencé a preguntarme porque me dolía mi espalda tanto cuando me movía de cierta manera. No hice nada fuera de lo normal, entonces comencé a masajear donde me dolía. A ese tiempo, sentí un bulto del tamaño de una pelota pequeña, y estaba localizada en mi espalda donde tenía el dolor. Empecé a pensar que quizá tenía un musculo roto o un moretón. No les quería decir a mis padres porque no estaba en los mejores términos con ellos. Me pusieron en restricción porque no estaba haciendo buenas decisiones en la escuela. Pero de todos modos, decidí decirles. Normalmente, mi mamá es la que siempre se preocupa, pero ella pensó que me golpeé durante el soccer y no lo pensó dos veces. Por otro lado, mi papa es el tipo de amor duro donde normalmente el diría, "aguántate, estás bien," pero esta vez fue totalmente diferente porque él insistió que ella hiciera una cita inmediatamente. Así que mi mamá hizo mi cita. Yo pensé que iba ver mi doctor dentro de un mes, porque el doctor siempre está ocupado. Esta vez era diferente. Me dieron la cita dentro de dos días. Cuando el doctor me vio y sintió el bulto, hizo una cita para tomar radiografías el mismo día, y asombrosamente nada apareció en las radiografías. Pero mi doctor no estaba satisfecho con los resultados porque él sabía que sintió algo y que algo estaba mal. El siguiente paso que el doctor quiso hacer era una biopsia, que quiere decir básicamente que querían tomar muestras de mi tejido. Cuando uno va a estos tipos de centros, no te dejan saber inmediatamente cuales son los resultados. Yo recuerdo que el doctor le dijo a mi mamá que ellos iban a enviar los resultados a nuestro doctor primario, pero realmente, le aseguró a mi mamá que normalmente estos resultados solo arañan la superficie. Nos fuimos de allí solo preguntándonos que pudiera ser esto.

En este tiempo, estaba batallando con mí caminar con Dios. Yo sabía que no estaba viviendo como debería, y de cierto no como mis padres me habían enseñado.

Siempre tenía una imagen que los hijos de los predicadores tenían que ser perfectos, y yo sabía que yo no lo era. Estaba tan lejos de Dios, nacida y crecida bajo las bancas, y en camino al infierno si el Señor viniera esa misma noche. Estaba muy amargada y tratando de hacer las cosas por mi cuenta. Estaba más enfocada sobre mi vida escolar en vez de mí caminar con el Señor. Mis padres hablaron con mi pastor y le pidieron que si su hija, Brooke pudiera hablar conmigo para ver si ella me pudiera hablar para ayudarme de alguna manera. Me recuerdo cuando llegó una mañana, y me sacó a desayunar para platicar. Ella comenzó a compartir su vida conmigo como hija de pastor. Ella pudo identificarse conmigo cuando ella era más joven porque ella había pasado por la misma cosa que me pasaba a mí. Sentí que ella estaba compartiendo esperanza conmigo. Yo no quería pecar contra Dios o sentir culpabilidad que pesara sobre mi corazón. El consejo que recibí era que era tiempo de acercarme a Dios, y yo necesitaba tener mi propia relación con el Señor, una que sería cercana y personal. Tenía que asegurarme de orar y ayunar verdaderamente y no solo pretender o quedarme dormida durante la oración por la mañana en mi hogar. Una regla que mi papa estableció era la oración por la mañana. Nadie podía salir de la casa sin orar. Escuchar la Palabra ser predicada ya no iba a ser suficiente, También yo tenía que leer la Palabra por mi cuenta.

En este tiempo, la semana del 23 de junio, 2017, mi doctor llamó a mis padres con los resultados de mi biopsia y les dijo que el bulto en mi espalda era canceroso. Mis padres estaban sin palabras y esperando para el tiempo apropiado para decirme. El doctor inmediatamente puso una petición de emergencia para poder ver un especialista en el hospital de niños del condado de Orange. Ellos especializan en tratar con el cáncer a cualquier edad. Recuerdo que mi mamá salió temprano de su trabajo, que era fuera de lo normal. Mis padres me llamaron a su recamara y me dijeron que mi doctor les llamó con mis resultados. ¡Era CANCER! No era lo que yo pensaba que era, porque cuando uno piensa en cáncer, inmediatamente uno piensa en la muerte. Mi primera reacción fue de pensar que estaban bromeando, entonces empecé a reírme. Yo pensé que estaban tratando de asustarme para servir a Dios, pero los dos lloraron y dijeron que no era así. Yo no pude entender porque yo tendría cáncer, y mi mente rápidamente salió fuera de control. Mi mamá y mi papa me dijeron que ahora no era tiempo de estar enojada con Dios, pero que era tiempo de acercarme a Dios. Después de eso seguimos adelante con nuestro día. La palabra *cáncer* seguía haciendo un eco en mi mente. Pasé muchas noches donde lloraba hasta dormirme, y otras noches simplemente no podía dormir. Era un tiempo de terror y oscuridad en mi vida, y aunque suene absurdo, tenía temor de dormir en la noche. Tenía pesadillas, pero solo era el diablo tratando de desanimarme y tratando de hacerme sentir sin esperanza durante este tiempo. Sin embargo, siempre tenía una sonrisa en mi cara, y escuchaba a mis padres y trataba de mantenerme positiva, porque no había lugar para la negatividad. Yo siempre recordaba lo que mi doctor primario le dijo a mi mamé. Él dijo, "Unique no se va a morir de cáncer. Ella es muy tenaz." ¡Él me conocía muy bien! Él era mi doctor desde que nací.

Llegó el domingo y nuestra familia asistió a la iglesia como siempre. Mi papa anuncio a la iglesia que yo tenía cáncer. Brevemente dijo que simplemente era una prueba que nuestra familia iba superar. También dijo que era un tiempo para buscar a Dios y confiar en Él durante este tiempo. Estaba sentada allí sintiéndome vacía, triste y confundida a la misma vez. Normalmente no tenemos predicadores especiales, pero ese domingo era diferente. El Rev. Jonathan Cruz de Boise, Idaho, entró por las puertas un poco tiempo después que mi papa anuncio mi situación, así que él no escuchó lo que mi papa había dicho. El predicador caminó hacia la plataforma y comenzó su mensaje diciendo,

"No sé qué paso antes de que yo entré." Yo recuerdo que él estaba mirando directamente a mí. Luego el señalo hacia mí y profetizó que Dios iba ponerme por una prueba, no para hacerme daño, pero para ver si yo creía en Él por mí misma, no por lo que mis padres o lo que el pastor o mis líderes de jóvenes me trataban de convencer. Yo estaba tan asombrada con lo que dijo, porque no solo me dijo exactamente lo que mis padres, mi pastor y la líder de los jóvenes me estaban tratando de convencerme, pero en ese momento yo sabía que no era coincidencia que toda la gente me estaba diciendo la misma cosa. Yo sabía que era Dios porque durante este tiempo eran tan difícil para mí sabiendo que yo tenía cáncer.

El campamento de jóvenes llegaba en una semana. Mis padres pagaron para que yo pudiera asistir un mes antes de recibir mi diagnóstico. Realmente no quería ir antes de que pasara todo esto, y cuando mis padres lo mencionaron otra vez, estaba yo pensando, "¿En serio? Me acaban de diagnosticar con cáncer. Como que esto era lo último que tenía en mi mente," pero al último momento decidí ir. Yo sabía que esto me iba ayudar para acercarme a Dios, tan solo salir de la casa y convivir con otros jóvenes Apostólicos. Era 2 de julio, el primer día de nuestro campamento juvenil, mis padres nos llevaron a mi hermano y a mí al campamento.

No estaba emocionada de ir al campamento. Honestamente, estaba muy nerviosa de ir porque realmente no tenía amistades en la iglesia. Todas mis amigas eran de la escuela. El hecho de compartir una cabaña con muchachas que no conocía por una semana me hizo sentir un poco inconfortable. El evangelista Mingo García era el predicador especial para el campamento. Nunca lo había escuchado predicar hasta el campamento, pero la gente me decía que él era un gran predicador.

Estoy de acuerdo: él es un hombre verdaderamente ungido de Dios. Yo podía relacionarme con sus enseñanzas bastante. Ni si quiera era tiempo del llamamiento al altar y ya estaba llorando. Dios verdaderamente me habló en esas pocas noches de campamento. Decidí hacerme amiga de las chicas con las que estaba compartiendo la cabaña. Yo nunca mencioné a nadie que tenía cáncer, solo quería sentirme normal. Una noche estábamos contándonos sobre nosotras mismas, y les dije que tenía que irme del campamento temprano. Cuando me preguntaron porque, les dije que yo tenía cáncer y tenía que irme para ver una especialista. La cabaña se convirtió en silencio. Estaban asombradas y me preguntaron que si estaba bromeando y les dije que no. Les expliqué a las muchachas que yo tenía un bulto en mi espalda y que era canceroso. No tenían idea que yo tenía cáncer porque me portaba normal y siempre me miraba feliz. Mi lenguaje corporal no demostraba que yo tenía miedo. Mi papa le dijo a mi familia que nosotros íbamos a confundir al enemigo y actuar como que todo estaba bien.

¡Por primera vez estaba feliz; estaba haciendo nuevas amistades y eran de la iglesia! Todos estaban tristes que tenía que partir temprano del campamento. Yo había asistido a campamentos antes, pero esta vez era diferente. ¡Tuve el mejor tiempo! A este punto, las muchachas de mi cabaña, mi hermano y mi líder de jóvenes eran los únicos que sabían mi situación. Un miércoles por la noche, 5 de julio era un llamamiento al altar y el Hermano Mingo estaba orando por mi hermano, Joseph. Después de orar por él, Joseph le pidió al Hno. Mingo que orara por mí porque me habían diagnosticado con cáncer. El predicador le pidió a mi hermano que fuera a buscar a mi líder de jóvenes, David Hernández. El Hermano Mingo y el Hermano David me llamaron al altar. Esa noche fue maravillosa; el Hermano Mingo me pregunto si estaba de acuerdo en subir a la plataforma. Él me pidió mi nombre y mi edad. Él también anunció a todos los jóvenes que me habían diagnosticado con cáncer. Yo no sabía qué tipo de cáncer tenía, solo sabía que iba ir a ver un oncólogo, así que tenía que irme del campamento temprano el siguiente día. En ese momento, se les preguntó a todos los campistas si querían ver a Dios sanar del cáncer. Él pidió que todos se acercaran al altar y que las jóvenes con valor subieran sobre la plataforma. Todas las jóvenes me abrazaron y me dieron palabras de ánimo. El servicio estaba en vivo por las medias sociales y lloré durante todo el servicio, dejando todo en las manos de Dios. Yo creo que yo recibí mi sanidad esa noche.

Llegó la mañana de jueves, y era tiempo de irme. No estaba feliz de irme del campamento, pero estaba feliz de que hice nuevas amistades. Denise, Giselle, Ariana y Sammie, las jóvenes del Templo Betel en Santa Ana se convirtieron en un apoyo enorme para mí.

Cuando salí del campamento, tenía alegría y paz. No tenía temor de lo que me iban a decir los doctores porque yo había puesto toda mi confianza en Dios, y sabía que Él no me dejaría pasar por algo que yo no pudiera aguantar. Jeremías 29:11 vino a mi mente: *"Porque yo sé los pensamientos que tengo acerca de vosotros, dice Jehová, pensamientos de paz, y no de mal, para daros el fin que esperáis."* Mis padres me llevaron a la cita y me dijeron que tenía neoplasma primario, un tumor canceroso que jóvenes pueden desarrollar, y estaba en la etapa temprana. Si hubiera esperado más, podía ver sido peor.

Rápidamente me hicieron cita para un MRI y un CAT scan. La cirugía fue programada entre dos semanas para extraer el tumor, que era dos semanas antes de mi decimosexto cumpleaños. Iba celebrar mi cumpleaños en Cancún, México, pero mi familia tuvo que cancelar el viaje. Antes de la cirugía, mis padres decidieron ir a Monterey. Pasamos tiempo todos juntos cerca de la playa. Siendo de un hogar Apostólico, cuando estas de vacaciones, a veces se encuentra uno de alguna manera asistiendo la iglesia en sus vacaciones. Sucedió que cuando regresábamos a nuestra casa tomamos un desvió y nos fuimos a Stockton para visitar a la iglesia del Obispo Joe Mendoza. Mientras estábamos allí, hicieron una oración especial por mí y sucedió que el Pastor Dan Duarte de Youngstown, Arizona estaba allí. Él es un buen amigo de mis padres, así que cuando vino el tiempo para el llamamiento del altar, él vino a orar por mis padres y se sintió tan personal. Él nos dio una palabra del Señor, y todo lo que me recuerdo es que dijo, "No se preocupen por nada, esta sellado y estas sanada." Nos fuimos con ánimo y regresamos a nuestro hogar para prepararnos para la cirugía.

Pude visitar a una iglesia más antes de mi cirugía. Fui al Templo Betel en Santa Ana, donde mis nuevas amigas se congregaban. El Pastor Rubén Villegas me llamó al frente y me pidió que me introdujera a la iglesia. Estaba bendecida de estar allí, mientras él mencionaba que los jóvenes regresaron en fuego por Dios. También me dio las gracias por tener un impacto sobre sus jóvenes. Estaba agradecido porque de los siete jóvenes de su iglesia que fueron al campamento, cinco de ellos se bautizaron en el nombre de Jesús cuando regresaron del campamento. Yo estaba feliz porque ellos hicieron esa decisión para dedicar sus vidas a Dios. Todo porque me conocieron y no querían jugar con las cosas de Dios. La iglesia también estaba orando por mí, creyendo que Dios me iba a sanar. Yo pensaba que yo era la única bendecida por conocer a la juventud. Todos fueron tan alentadores y amables conmigo. Estoy agradecida con cada uno de ellos porque ellos fueron mis amigos cuando yo necesitaba amigos piadosos en un tiempo tan difícil en mi vida. Era un día muy especial para mí porque era el 6 de agosto, mi decimosexto cumpleaños, y pude estar en la casa del Señor y lo celebré con mis amigas. El servicio terminó con una oración, y después del servicio una hermana de la iglesia vino y oró conmigo. Me dijo que ella era sobreviviente de cáncer y que ella iba orar por mí. Sentí tanto amor y apoyo. Martes, el 8 de agosto, dos días después de cumplir dieciséis años, era la fecha de mi cirugía. Teníamos que estar en el hospital temprano a las 6:30 am. Era un día frío mientras caminábamos dentro del hospital. Pronto nos llamaron a la oficina para decirnos sobre los procedimientos que iban acontecer. Estimaron que la cirugía iba durar tres horas. El proceso comenzó cuando me pusieron la bata, las líneas intravenosas fueron colocadas en ese momento y mi papa hizo una oración por mí. Me llevaron al lugar donde el anestesiólogo habló conmigo. Él comenzó a darme la anestesia. Recuerdo que me hizo unas preguntas y luego me dormí. Me levantó una enfermera y pude escuchar a niños llorando. Una enfermera me dijo que me levanté con mucha paz a comparación de otros pacientes que eran violentes y agresivos. Yo estaba muy calmada, mayormente cansada, pero mi enfermera dijo que iban a traer a mis padres y mi hermano en unos momentos. Literalmente sentí como que nomás cerré mis ojos y todo había pasado.

Mis padres fueron a desayunar porque les dijeron que iba ser tres horas hasta que pudieran verme. Resultó que se regresaron temprano y notaron que el doctor estaba en el salón de espera buscándolos. Mis padres describieron que la expresión de la cara de la doctora era como si hubiera visto un fantasma, completamente sin palabras. Mis padres pensaron que algo que comió le hizo mal.

Le preguntaron, "¿Está bien Unique?"

Ella respondió, "Si, pero quiero explicarles algo." Ella explicó que el tumor estaba tan profundo en el tejido, ella no podía entender como todos pudimos sentirlo. Ella dijo que tenía que escarbar y escarbar para sacarlo, y cuando finalmente pudo alcanzarlo, solo estaba sentado arriba del musculo en mi espalda baja, el área lumbar. Pero eso no era en lo que quería enfocarse. No conseguía explicar, pero dijo que el cáncer se había secado de adentro para afuera, y que todas las células se habían deteriorado y que se habían muerto, y que no tuvieron el tiempo de extenderse hacia mis otros órganos. Ella también dijo que regresó a ver el MRI y que el informe de patología indicaba que el cáncer se había secado de adentro para afuera. Mis padres se quedaron en el salón de espera, mirándose uno al otro y pensando, "¿Que ha acaba de suceder?" Le dieron las gracias a la doctora por todo el trabajo que hizo por mí. Cuando se quedaron solos, sabían que Dios me había sanado. Mis padres finalmente vinieron a verme. Les dije que me sentía bien.

Solo pude comer unos helados de fresa en el cuarto de recuperación. Poco después de eso, me llevaron a mi cuarto donde me quedaría por los siguientes días. Estuve ayunando desde la noche anterior y todo lo podía pensar era en comida, así que mis padres salieron a comprarme algo de comer. Podía sentir tensión en mi espalda, pero no tenía dolor. Estaba fuertemente medicada. ¡Mis padres compartieron las noticias de mi cirugía y explicaron lo que la doctora les dijo, y que yo sabía que Dios me había sanado! Dios recibiría la gloria y yo iba compartir esto con todos. Estaba feliz que estaba sana, y asombrada a la misma vez.

¡Tuve como veinte visitantes que vinieron a verme! Pude tener visitantes, así que todas mis amigas que conocí en el campamento vinieron a verme. Estaba desbordada con gozo que vinieron a verme. Mi familia de la iglesia vino a visitarme también. Todos dijeron que me miraba muy bien. Me sentí totalmente bien, solo cansada y agotada. Estuve muy agradecida por todas las flores y los globos. Avivamiento empezó en mi iglesia. El pueblo de Dios estaba animado con lo que Dios había hecho en mi vida. Tuve que compartir mi cuarto con un niño pequeño, así que no pude dormir bien esa noche. Solo quería regresar a mi hogar y dormir en mi propia cama. Me dieron de alta para regresar a mi casa unos días después con muchos medicamentos para el dolor. Recuerdo estar en casa y sentir tanto dolor que en realidad me desmayé un par de veces, y mi papá me llevó a la sala de emergencias solo para asegurarse de que estaba bien. Durante este tiempo perdí veinte libras.

 El verano estaba llegando a su fin. Pronto sería el tiempo de ir a registrar para la escuela. Todavía estaba registrada en la Escuela Preparatoria de Temple City y mi fecha de registración estaba cerca. Cuando regresé del campamento, mi espíritu era diferente. Solo quería estar en la iglesia. Tenía un deseo de estar en la presencia de Dios y convivir con toda la gente nueva que conocí. Entonces, empecé a ir a la iglesia Apostólica de Family Life Center en Whittier por la noche los viernes, porque mi iglesia no tenía servicios esa noche. Mis padres me dijeron que el cáncer me convirtió en una persona mejor.

 Me recuerdo que llegó el tiempo de la registración escolar y tenía que registrarme, pero algo era diferente. Sentí que tal vez no debería regresar a Temple City. Estaba feliz de ver a mis amigas de antes, pero después de salir me fui a mi hogar, y comencé a pensar y un temor llegó sobre mí. Tenía temor de que si regresaba, no pudiera ser una influencia sobre la gente, pero que la gente me iba a influenciar a mí como lo hicieron los años anteriores. Me avergonzaba de ser la "niña buena." Sentía como si tenía que encajar e ir a todos los juegos de futbol cada viernes por la noche. Cuando la gente me preguntaba, "¿Por qué usaba faldas? ¿Por qué no uso pantalón?" Yo respondía, "porque es mi estilo, me gusta ser diferente." Ya no quería mentir sobre quién era yo. Estaba harta de avergonzarme. Yo sabía que yo era mejor que eso porque Dios me había sacado del pecado. Mi padre se dio cuenta cuando me llevó a registrar que estaba callada, así que aprovechó ese tiempo para hablarme sobre las decisiones que había hecho antes y las nuevas decisiones que iba a tener que tomar por mí misma como una joven doncella de Dios. Le dije a mi papá que quería un nuevo comienzo y que quería ir a la escuela apostólica privada.

No sentí presión de mis padres. Dejaron el balón en mis manos y esperaban mi decisión. Mientras tanto, estoy segura de que estaban orando por dirección para mí.

Después en ese día, mientras hablaba con mi mamá, ella mencionó que Family Life Center (FLC) tenía una escuela cristiana privada, y que si yo quería podíamos llamar para inquirir sobre la escuela. Todavía no estaba segura. Decidí asistir FLC para mi penúltimo y el último año escolar. Voy a graduar este año, estoy tan emocionada. Mi mamá estaba sorprendida que yo quise asistir porque ella nunca pensó que esta decisión saliera de mí misma. Yo sabía que era lo mejor.

La secretaria de los Mensajeros de Paz del Este de Los Ángeles y Rebekah Hernández se acercó a mis padres en un servicio del distrito. Ella preguntó como seguía mi recuperación. Mis padres dijeron que yo estaba muy bien. Después ella me invitó a compartir mi testimonio en el avivamiento de jóvenes en Huntington Beach. El Reverendo Mingo García iba ser el predicador especial ese día. Estaba honrada y pude compartir la sanidad que sucedió en mi cuerpo. Yo declaré lo que el Señor hizo, y muchos jóvenes que no estuvieron en el campamento de jóvenes pudieron escuchar mi testimonio. Después de compartir mi testimonio en el avivamiento, tuve varias oportunidades de hablar de lo que el Señor hizo. Fui invitada a los testimonios de IHAT con el Reverendo Mario Naraja. Es un podcast que comparte testimonios y se escuchan en una Aplicación llamada The Fountain (La Fuente) que tiene predicaciones Apostólicas, enseñanzas, y testimonios. Después, me invitaron a la Iglesia Apostólica de El Monte para compartir con las hermanas y las doncellas. El Jubileo Apostólico fue grandioso. Fue otra plataforma para dejar a todos saber que Dios está en el negocio de sanar. Hablé en la iglesia de Community Hope y serví como un miembro de ayudantes en el campamento de juniors para el Distrito del Este de Los Ángeles. Pude cantar y honestamente era una grande bendición porque Dios me estaba usando. Todos sabían que yo era la joven que TENIA cáncer.

Recientemente fui a la Convención Apostólica de Long Beach. Yo vi muchas caras conocidas, uno de ellos era mi buen amigo, Mingo García, y su esposa. Ambos estaban contentos de ver a la joven mujer de Dios en la que me había convertido. Mingo estaba en el puesto de los Misiones Internacionales. A su lado estaba el Obispo Andy Provencio, el secretario de Misiones Internacionales. Mingo comenzó a preguntar al obispo si había escuchado mi testimonio. El obispo estaba asombrado y mencionó que yo debería ir en un viaje misionero cuando cumpla 18 años. Los dos dijeron que mi testimonio podía sanar un pueblo entero.

Mi vida cambió dramáticamente. Estoy involucrada más en la iglesia. Yo sirvo a Dios porque tengo mi propia relación con Él. Estoy tan agradecida por la jornada que me ha llevado Dios, y yo sé que Él es sanador y que nada es imposible para Él.

Información de Contacto:
Uniqueangel2001@gmail.com

Ryan con Mama & Papa

Orando en el Accidente

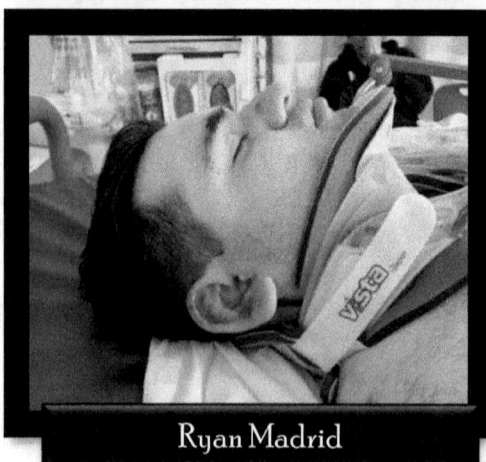
Ryan Madrid

CAPÍTULO 6

Renie Madrid

Estaba frio y lloviendo. El reloj sonó a las 4:00 pm, y otro día escolar se había terminado. No era tiempo de irnos, como somos una familia de un solo carro, mis dos hijos, mi hija y yo necesitábamos esperar para que nos recogieran después de que papá y los hermanos mayores salieran del trabajo. Con una hora de espera, normalmente hacíamos la tarea. Pero en este miércoles en particular, mi sobrino Andrés, un estudiante también, entró en el salón anunciando que él se iba con su papá (mi cuñado, Rev. Nathan Cupoli) para cortarse el pelo. Mi mente comenzó a pensar: "Mis hijos también necesitan un corte de pelo," "Si los mando a cortarse el pelo NO lo tendré que hacer yo y estar cubierta de cabello," y "Este peluquero no es caro."

Lo siguiente que salió de mi boca era, "¡Andrés, espera...Voy a mandar a mis hijos contigo y tu papá!" Puse dinero en las manos de mis hijos y se fueron a la esquina. Afuera, solo estaba lloviznando. Los chicos siendo chicos, ellos decidieron hacer una aventura de esto y caminar las dos cuadras.

Como cuarenta y cinco minutos después, mientras estaba en mi salón, escuché un grito horrible de mi hermana, "¡Reeennieee!" El sonido de pánico y desesperación en su voz me dijo que algo estaba increíblemente mal.

Le grite, "¿Qué?"

"¡Ryan fue atropellado por un carro!"

Instantáneamente sentí como que me golpearon en el estómago y que mi cabeza daba vueltas. Corrí afuera, donde una amiga tenía un carro esperándome. Conducir solo dos cuadras se sintió como una eternidad, pero sentí como que estaba pensando de cien cosas a la misma vez. No pude comunicarme con mi esposo, debido a la mala recepción del celular donde él trabaja. ¿Qué iba a encontrar? Todo lo que podía hacer era comenzar a orar. ¿Estaba muerto mijo? ¿Muriéndose? ¿Discapacitado? ¿Experimentando daño permanente?

Llegamos y salté del auto. Podía ver a mi hijo tendido en el pavimento mojado, y no se movía. Había gente alrededor, el auto y el conductor que le pegó y los espectadores en los carros del tráfico causado por el accidente. Mientras yo corría hacia él, tantas cosas corrían por mi mente. "¿Como podría vivir mi vida sin mi hijo? ¿Será la última vez que lo veré? ¿Estará discapacitado de por vida? El temor estaba absolutamente absorbente. Me arrodillé al lado de él y él estaba completamente inconsciente. No estaba segura si él estaba vivo. Necesitaba mirar si él estaba respirando. La lluvia estaba bajando fuerte y usé mi cuerpo para protegerlo de la lluvia en su cara. Tenía temor moverlo. Unos momentos después, llegó la ambulancia, la policía también estaba allí, y pude escuchar a la gente llorando y orando. Luego escuché el sonido más maravilloso. Escuché a mi hijo suavemente llorar y decir, "mamá." Tan solo el alivio cambió mi llorar frenético a un sollozo. Estaba tan agradecida que el Señor me regresó a mi hijo. Sin embargo, yo sabía que él no estaba fuera de peligro. No estábamos seguros de las heridas que él tenía. Él tenía dolor, pero también estaba en estado de shock. Hasta la fecha, él no tiene memoria de ese tiempo. Lo pusieron sobre la camilla, todos llorando y orando, parados en la lluvia en la esquina. Finalmente nos fuimos al hospital.

Las salas de emergencias dan miedo, y aún más cuando su ser querido necesita cuidado. El conductor de la ambulancia me dijo que nos íbamos a un hospital que tenía especialistas. Según el conductor de EMT, mi hijo tenía heridas que requerían de especialistas. Los doctores de la sala de emergencias tomaron muchos exámenes de Ryan. Después de varias horas, los doctores llegaron y nos explicaron a mi esposo y a mí que Ryan se había fracturado el cráneo y que la arteria cerca al lado izquierda de su cerebro estaba sangrando. Él explicó que, si persistía sangrando necesitarían perforar un hoyo en su cráneo cerca de la arteria para aliviar la presión.

Tan espantoso que todo era, aún en ese momento sabíamos que Dios ya estaba haciendo milagros. Los doctores ya estaban maravillados que mi hijo no tenía huesos quebrados, salvo su cráneo. El doctor iba tomar un examen cada tres horas para mirar si el cerebro de Ryan continuaba sangrando. Esto determinaría si él iba a necesitar una cirugía mayor. El primer examen no estaba bueno, en que todavía estaba sangrando. Continuamos orando, y para el tiempo cuando las próximas tres horas pasaron, el sangrando se había detenido y la cirugía mayor no era necesaria.

Cuando los doctores decidieron que la cirugía mayor no era necesaria, estábamos en tiempo de recuperación. Ryan estaba en el UCI pediátrica, y lo estaban monitoreando. Mirando a mi hijo relajado, comiendo, de buen ánimo y respondiendo bien nos hizo preguntarnos si fue un accidente tan grave como habíamos pensado originalmente. Después de todo, ni mi esposo ni yo estábamos allí cuando nuestro hijo fue atropellado. Quizás todos nuestros temores eran exagerados. Solo estábamos simplemente contentos de que nuestro hijo estaba mejorando. Solo cuarenta y ocho horas después de ser golpeado por un auto, Ryan estaba saliendo del hospital. Nos dieron instrucciones de llevarlo con su doctor familiar entre dos días para una cita de seguimiento.

Esta fue una visita increíble, fuimos a ver a su nueva pediatra principal. Aparentemente, ella recibió todos los documentos de la sala de emergencias antes de llegar a nuestro cuarto. Ella leyó todas las descripciones de sus heridas y como él los obtuvo. Ella entró y se miraba perpleja. Le hizo preguntas a Ryan como, "¿Cómo te sientes?" y "¿Explícame otra vez que te pasó?" Así que Ryan y yo le explicamos como él obtuvo las heridas de este golpe, y su respuesta fue fenomenal. Ella dijo,"Te estoy mirando, y estoy mirando las heridas que recibiste, y simplemente no tiene sentido. Yo tengo a niños que vienen a mi oficina que han sufrido más graves síntomas por ser golpeados en la cabeza por un futbol que lo que tu estas sintiendo, simplemente no tiene sentido."

Entonces yo, su mamá, le hice una pregunta: "¿Usted está diciendo que esta sorprendida que mi hijo no tiene más síntomas graves?"

Ella respondió con un resonante, "Si, eso es lo que estoy diciendo. Mis enfermeras leen todos los documentos y me dan un informe breve de lo que debo de esperar antes de entrar para ver el paciente. También leí el informe que me dieron tocante todas sus heridas y estaba nerviosa de entrar debido a la gravedad de lo que le había pasado. No sabía que iba mirar al entrar. Y aquí estas, mirando como que estas completamente bien. Simplemente no tiene sentido."

Ryan y yo nos estábamos mirando y sonriendo. La miré a la doctora y le dije, "¡Bueno, mi familia y yo tenemos mucha gente orando y nosotros creemos que cuando no tiene sentido, es Dios! ¡Esto es cosa de Dios! Al principio estaba pensando que él no tenía heridas graves, pero usted me está diciendo que, si era muy grave y que es un milagro, ¿verdad? ¿Eso es lo que me está diciendo?"

Ella respondió con, "Si, tengo que estar de acuerdo contigo."

¡No podía creer que lo admitió! Estábamos tan felices, mi hijo y yo solo nos sonreímos.

Escuchando esto del doctor confirmó que el Señor tiene Su mano sobre mi hijo. El siguiente domingo después de regresar del hospital, decidimos de sacar a mi sobrino para celebrar su cumpleaños. Él era uno de los miembros familiares que estaba caminando con mi hijo cuando fue golpeado por el auto, y nosotros pensamos que sacándolo a cenar sería una celebración de que todos estaban saludables y protegidos por el Señor. Mientras estábamos en la esquina donde el incidente traumático sucedió, nos dimos cuenta de que una camera de seguridad estaba en un edificio. Nos comunicamos con el dueño y obtuvimos el video del accidente. Este video resaltó y reflejo la mano del Señor y el milagro que realmente fue.

Los milagros no solo son ocurrencias de los días pasados. Los milagros todavía están sucediendo hoy.

Información de Contacto:
Fredreniemadrid@gmail.com

Esther Zazueta

Dia de la boda

40 Años Después

CAPÍTULO 7

Esther Zazueta

Mi nombre es Esther Zazueta y vivo en Tucson, AZ. Estoy bendecida con quince nietos y tres hijos excelentes: Elías, Benjamín y Pedro. Mi esposo, Willie y yo tenemos 45 años de casados.

Con tanta testosterona desafiando mi vida, el Señor me envió un ángel en la forma de mi nuera, Monique. Ella es la hija que nunca tuve. Mientras mis hijos crecían, mi esposo jugaba softbol de lanzamiento rápido para hombres, que lo alejaba de los muchachos y de mí. Llegaban los viernes y Willie salía para jugar donde el viento soplara. En ese tiempo, Benjamín y Peter estaban jugando beisbol también. Para Willie, eso significaba más tiempo de jugar con su equipo, tomando y usando drogas. Mis hijos y yo nos dimos cuenta de la diferencia en la personalidad de Willie cuando pasaba tiempo fuera del hogar. Yo les decía a los muchachos que eso no era su papá, pero eran las drogas y el alcohol que lo cambiaban. Es triste decir, estábamos felices cuando él salía en los fines de semana. De esa manera él iba y llegaba como él quería sin causar barullo en el hogar. En ese tiempo, Willie no pensaba que él hacía mal en como él estaba viviendo, pero causaba mucho estrés en la familia. Entre trabajar dos trabajos, me aseguraba que los muchachos fuera a la escuela y al ensayo de beisbol para que se mantuvieran fuera de problemas. Yo trabajaba en una casa de hermandad como cocinera desde las 6am hasta las 2pm, y luego en el deli de Kmart desde las 3pm hasta cerrar a las 11pm. Yo trabajaba dos trabajos porque mi esposo se lastimo su espalda y no trabajó por dos años.

Yo nunca decía algo negativo sobre mi esposo porque me enseñaron que mi matrimonio era para bien o para mal. No me malinterpreten, mi esposo era un hombre excelente, pero cuando andaba con sus amigos tomando y usando las drogas, pasabas a segundo lugar. Era como que si yo o los muchachos no existiéramos. En ese tiempo, no estábamos asistiendo a una iglesia. Yo trabajaba dos trabajos y hacia el aseo del hogar en mis días de descanso, asegurando que mis hijos tenían todo lo que necesitaban para la semana. Mis tres hijos iban a la iglesia, y una noche mi hijo Peter fue bautizado sin nuestro consentimiento. Mi padre, que era ministro, le dio permiso para que se bautizara. Estábamos sentidos porque nosotros queríamos estar allí para asegurar que él entendía lo que él estaba haciendo.

Mi madre siempre nos enseñó de no dejarnos de la mano de Dios. Yo sabía que eran las oraciones de mis padres y también los de mis suegros que guardaban a mis hijos y a mí seguros. Los padres de Willie siempre oraban que él regresara a Dios. Willie era como la oveja negra de la familia, y cuando digo negra, quiero decir negra oscura. Un día le pregunte a Dios que pudiera hacer yo para cambiar nuestra situación porque no podía vivir de la manera que estábamos viviendo por mucho más tiempo.

Después de esa oración, Peter fue reclutado por el equipo de beisbol de los Cardenales de San Louis, y recibió un buen bono al firmar el contrato.

En ese tiempo, Elías estaba fuera del hogar y Benjamín se había casado, y nos dio nuestro primer nieto. Con el bono de firmar el contrato, Peter nos mudó a Merced, California, con la esperanza de que mi esposo fuera liberado. James, un miembro de la iglesia de Merced, vino a orar por él y Dios lo liberó. Yo sé que Dios tenía Sus manos sobre nosotros. Ay que entender, Dios si contesta la oración a Su tiempo.

Conocí a George Pantages cuando mi esposo y yo vivíamos en Merced. Vivimos allí por dos años y también conocí a Tim, su hijo. Ellos llegaban a la casa para cenar y nos convertimos como una familia. Nosotros nos mudamos, y también el hermano Pantages, y estuvimos en su boda un corto tiempo después. Él se casó con María, una persona muy amable con un dulce espíritu. Nos regresamos a Tucson, Arizona, donde ahora nos congregamos con el Pastor Connor. Tucson siempre ha sido nuestro hogar.

En cuanto nos acomodamos, encontré un trabajo como cocinera para una casa de hermandad en la Universidad de Arizona. Trabajé por 21 años como cocinera y luego me convertí en la directora de dos casas de hermandad. Trabajé siete años para una casa y tres años en otra casa. Cuando trabajaba para la casa de hermandad, miraba como las cosas eran diferentes de cuando cocinaba para ellas. Las jovencitas estaban vestidas muy escasamente, ni se diga del lenguaje irrespetuoso que usaban cuando hablaban con sus padres. Su tomar, festejar y no cuidarse realmente quebraba mi corazón. Una de mis jovencitas, de quien me preocupaba más, estaba teniendo problemas con ansiedad porque sus padres se habían divorciado. Después su padre conoció a alguien más y se iba a casar y su nueva madrasta ya no le iba pagar su matrícula para la universidad. Entonces ella estaba portándose rebelde. Tomaba píldoras para estudiar hasta que no podía vivir sin ellas. Hablé con ella acerca de buscar ayuda, lo cual me pudiera traer problemas, porque no se nos permitía involucrarnos. Pero mi corazón se dolía por ella y la ayudé lo mejor que pude. Me aseguraba de que el cocinero le dejara comida cuando llegaba tarde.

Puedo decir verdaderamente que ella está mejor ahora. Ella tiene un promedio de 4.0 y hace poco que me dio las gracias por orar por ella. Ahora ella cree que Dios nos juntó y esta agradecida que Él lo hizo. De vez en cuando se comunica conmigo y ella está bien. Sus abuelos le ayudan con su matrícula y ella trabaja dos trabajos.

En 2018, mi esposo y yo íbamos a estar de vacaciones de primavera por una semana. Estábamos alistándonos para ir ver a mi familia en California. Pero una mañana, no me sentía bien. Mi estomago se sentía que estaba hinchado, y no podía respirar bien, así que le llamé a mi doctor y le expliqué cómo me sentía. Me dijo que me fuera al hospital para que me revisaran, y lo hice. Lo siguiente que supe fue que me estaban sacando líquido del estómago, un total de cuatro litros de líquido. Me enviaron a casa con una cita para ver a un médico en un centro de cáncer. Por supuesto, estaba preocupada, así que mi hijo Peter y Monique y mi esposo fueron a la cita conmigo. Entramos a la oficina del doctor y esperamos como si fuera una eternidad. El doctor entró y nos dijo que yo tenía cáncer. Estábamos callados, y pude ver lágrimas en los ojos de mi esposo y en las de Monique también. Peter no me dejaba ver sus emociones, haciéndose fuerte, pero yo sabía que muy profundo, él estaba doliendo más que todos nosotros juntos. Él y yo tenemos almas gemelas por así decirlo; los dos somos espiritualmente dotados, y eso ha formado una conexión que no tengo con mis otros hijos.

Cuando recuperé mi compostura, dije, "Está bien, ¿en qué etapa está el cáncer?" y el doctor me dijo fríamente, "En la cuarta etapa" Estaba yo sin palabras. Le pregunté cuanto tiempo tenia, y el doctor dijo como seis meses. Podían tomar exámenes para ver que tratamientos me podían ofrecer. Me sentía tan entumida y realmente no sabía que iba a pasar. Como una mamá, tu mente comienza a correr 100 millas por hora, pensando de cualquier y toda posibilidad en el tiempo corto que me faltaba. ¿Qué de mi familia, mi esposo, mis nietos? Mi corazón se sintió como que se partió a la mitad y se estaba desangrando por todo lugar.

Nos fuimos a la casa para dejarle saber a mi hijo Elías y a los nietos, y por supuesto todos lloraron. Comencé a pensar ¿cómo les iba decir a mi familia en California y en Texas? Así que decidimos tomar un viaje para California para avisarle a mi familia. Le llamé a mi hermana para que la familia se juntara. Era el cumpleaños de mi hermana así que no era problema para juntarnos. Cuando tuve el valor de contarles lo que estaba pasando, había lágrimas y abrazos, pero mi familia se unió y me dijeron que ellos estarían orando por mí y que me iban a ayudar en lo que pudieran. Cuando mis hermanos se juntan, nos demostramos amor todos sin reservas.

Cuando nos regresamos a Arizona, Peter llamó a diferentes clínicas de cáncer. El encontró una en Phoenix, AZ, entonces el hizo una cita. Ese día Peter y Monique tuvieron algunos amigos de la iglesia que vinieron a cenar a su hogar. Bueno, en esta noche había como unas cuatro familias sentadas a la mesa y mi hijo les pidió que oraran por mí en un círculo y lo hicieron. Fue una oración maravillosa. Después de eso, me regrese a trabajar, porque yo vivía en la casa de hermandad. Mi hijo le había llamado al Hno. Pantages para avisarle que tenía cáncer en etapa 4. Luego recibí una llamada del Hno. Pantages diciéndome que él sintió guiado de orar por mí en persona. Él y su esposa María manejaron 24 horas directamente de Texas simplemente para orar por mí. Ellos llegaron a la casa de Peter, pero antes de orar, el profetizó que al tiempo de la oración que yo iba a vomitar lo que me estaba molestando por dentro. En efecto, en cuanto él puso manos sobre mí, yo comencé a vomitar lo que estaba en mi estómago. Entonces él tomó tiempo para cada miembro de la familia para profetizar sobre ellos también. La gloria de Dios calló en ese lugar, y nadie estaba excluido en ese día de sentir la mano misericordiosa de Dios. El Señor también incluyó un amigo de la familia que también recibió una palabra profética. Ciertamente Dios no dejó ninguna piedra sin voltear en ese día.

Yo sé que Dios me sanó ese día. Me sentí tan especial que Dios mandó a un siervo de Dios para orar por mí. Entonces él y la Hna. María se regresaron a Texas ese mismo día. Todavía guardé la cita en Phoenix en la Clínica Mayo y hablé con la doctora. Ella sabía lo que tenía, pero quería tomar unos exámenes para asegurarse. Entonces, ella hizo un análisis de sangre y un examen de CTC. Regresé una semana después y estaba esperando que el doctor no encontrara nada. Pero ese día pusieron un puerto donde toman sangre, que quiere decir que me estaban preparando para tratamientos de quimo terapia. Mi conteo sanguino no se miraba bien, así que comenzaron el quimo terapia. Lloré porque realmente no quise comenzar el quimo terapia. Le llamé a mi hijo y le pregunté que si debiera de hacer esto. Sentí como que le estaba fallando a Dios porque yo sabía que estaba sana. Mi hijo me dijo que por eso hay doctores: para ayudarnos cuando nuestra fe esta baja.

Mis doctores sabían lo que tenía y como tratarlo, así que tomé el quimo terapia por doce semanas cada lunes. Mi familia me esperaba por cuatro horas cada vez que iba.

Entonces oré, "Dios, si esto es Tu voluntad, por favor ayúdame a vencer esto." Le di gracias a Dios que no me enfermaba como otra gente que miraba cuando reaccionaban negativamente a sus tratamientos. Al principio tenía mucha energía que se gastaba a media semana. A veces, mi esposo me llevaba a mi tratamiento, pero normalmente era uno de mis hijos. Estábamos juntos en esto. ¿Por qué? Porque somos familia. Peter me hacía reír, porque estaba perdiendo mi cabello con el quimo y usaba gorras tejidas. De payaso, él se los ponía cuando me llevaba en camino a mi cita. Escuchábamos música cristiana, lo que hacía el camino mucho más rápido.

Me dijeron que tenía cáncer peritoneal, que es un cáncer raro. Se desarrolla en una fina capa de tejido que recubre el abdomen. También cubre la matriz, vejiga y el recto. Hice los tratamientos y luego tuve una cirugía que tomó cuatro horas. Mi esposo estaba allí con algunos amigos cercanos nuestros, incluso su hermano que voló desde Luisiana.

Cuando hicieron la cirugía, también sacaron mi bazo y lo mandaron al laboratorio. Cuando regresó, estaba lleno de cáncer. El bazo esta allí para ayudarme a pelear contra infecciones, así que sin ello tendré que tomar inyecciones para ayudarme a pelear contra la infección. Después de la cirugía, me fui al hotel para descansar antes de regresarnos al hogar. Esa noche le pedí a mi esposo que me peinara el cabello. Él me miró y dijo que lo sentía pero que mi cabello se caía con el peine. Yo sabía que iba a perder mi cabello, pero no quería perder todo mi cabello. Por supuesto, casi lloré, y para acabar con todo, el quimo causó neuropatía en mis pies, que causaba mucho dolor, además me sentía extremadamente fría.

Al mismo tiempo, mi esposo se tuvo a una cirugía para tratar la diverticulitis (que puede causar dolor abdominal intenso, fiebre, náuseas y un cambio marcado en sus hábitos intestinales). Si eso no fuera bastante, mi nuera tuvo cirugía para remover su vesícula. Una cosa tras otra, los golpes seguían viniendo. Le preguntaba al Señor que era lo que estaba pasando y que por favor nos ayudara a pasar por este tiempo difícil. Si, lloré y le pedí a Dios por ayuda, pero yo lloraba aparte de la familia porque yo quería ser fuerte para ellos. Era difícil, porque cuando el Hno. Pantages oró por mí, me dijo que tendría que dejar de tratar de hacer tanto por mis hijos. Yo estaba manteniendo la paz en vez de ser hacedora de paz, al punto que dañaba a mi familia. Permítame decirles, es difícil. Yo le pedía a Dios que me diera fuerzas. Yo oraba por mis seres queridos que todavía no son salvos, esperando que mi ejemplo les ayudara a ver qué grande y poderoso es el Dios que yo sirvo. Todo lo que siempre quise fue que otros vieran lo que Dios ha hecho por mí. Por medio de todo esto, nunca me había dado cuenta de que tanta gente quien yo no conocía estaba orando por mí. Mucha gente en nuestra iglesia local tomó el tiempo para tocar el trono de Dios por mí y yo podía sentir sus oraciones. Tu no sabes cuanta gente está orando por ti, pero yo de seguro lo pude sentir.

Mi trabajo me trató bien en que las mujeres de la hermandad estaban listas para ayudarme con muchas cosas que normalmente yo hacía en la casa antes de enfermarme. Después de la sexta semana de quimo, vimos a mi doctora y ella me dijo que ya no tenía que hacer quimo terapia. Así que, mi esposo y yo le preguntamos, "¿Qué quiere decir con esto?" Ella respondió con una sonrisa, "No más cáncer."

Estaba libre de cáncer. Bueno, no sabía si llorar, correr o saltar. Pero esas palabras me hicieron feliz. La doctora me dijo que fuéramos a celebrar. Nos fuimos, llamamos a mi familia, y lloré en el auto. Le dejé un mensaje a mi pastor también.

Verá, a veces todavía tiene que pasar por cosas para edificar la fe de alguien, o mostrándoles que Dios me amó lo suficiente como para sanarme, Él los ama lo suficiente para escuchar su oración. ¡¡¡Dios es tan maravilloso!!!

Daniel & Jasmin Torres

Micah & Papa

Micah & Mama

El Resto del Clan

primer año en un par de semanas y que nomás se lo mencionara al pediatra cuando lo miráramos durante la visita. Pasó la semana y estaba pesando mis opciones de simplemente llevarlo a la sala de emergencias más cercana. Llegó la mañana del sábado y mi papá vino a visitarnos. Le estaba contando a mi papá lo que estaba pasando con Micah. El sugirió que no lo ignoráramos y que inmediatamente lo lleváramos a emergencias. Mi esposo estuvo de acuerdo de llevarlo mientras yo me quede con los dos niños (dos y tres) y nuestra hija mayor (doce años en este tiempo). Pasó la mañana y yo no había escuchado de mi esposo. Decidí mandarle un texto y él respondió, "Ultrasonido." Hasta al fin, mi esposo me llamó por la tarde. Estaba suspirando, como que había llorado con todas sus fuerzas.

"Necesito que vengas pronto para verme en el hospital, la ambulancia va a llevar a Micah a Texas Children's Hospital."

Sentí como que mi corazón paró de latir y que todos los sonidos a mi alrededor desvanecieron mientras trataba de hablar.

"¿Por qué, amor, pero porque, qué pasó?"

Pude sentir sus lágrimas por el otro lado del teléfono mientras él decía, "Las imágenes del ultrasonido están mostrando que tiene un tumor creciendo. ¡Amor, favor apúrate, por favor!"

Inmediatamente colgué el teléfono y comencé a caminar de un lado a otro. Recuerdo que mi papá junto a los niños y orando una oración de paz y fortaleza. Las primeras palabras que vinieron a mi fueron, *Jehová es mi luz y mi salvación; ¿de quién temeré? Jehová es la fortaleza de mi vida; ¿de quién he de atemorizarme?* (Salmo 27:1)

Finalmente llegué a nuestro hospital local; habían puesto la silla de mi niño sobre la camilla y él estaba en ella. Mi esposo estaba sollozando con lágrimas de desesperación.

Mientras la ambulancia se fue de nuestro hospital local hacia Texas Children's Hospital, todo se parecía nubloso en mi mente, pero el sonido de mi hijo riéndose me mantuvo firme. Mi esposo estaba siguiendo a la ambulancia en nuestro auto, y mientras él manejaba él tuvo una conversación con Dios. Él le recordó a Dios de la vida que tenía antes de dar su vida a Él. Muchas veces, él le pedía a Dios que le ayudara y Dios respondía. Normalmente él regresaba a hacer lo que no era agradable en los ojos de Dios. Pero en este punto de su vida era diferente, mi esposo había servido a Dios por seis años. Él reconoció qué difícil era a negarse de todos los pecados del mundo, pero él lo hizo en obediencia. Le pidió a Dios en ese momento, "¿Honraras mi obediencia y sanaras a mi hijo? ¡Hace seis años cambie mi vida para este momento!"

La ambulancia finalmente llegó al Texas Children's Hospital. Mi esposo trabajo allí muchos años atrás, pero nunca pensó que su hijo llegaría en una camilla allí. ¡Lo que paso de allí en adelante verdaderamente fue orquestado por Dios! Nos acompañaron a nuestro cuarto, mientras que en la sala de espera estaba nuestra familia, amigos y los pastores que ya nos estaban esperando. Uno por uno se les permitieron a entrar al cuarto, se podía escuchar el sonido de oración por los pasillos. Los primeros exámenes de la presión estaban muy altos; las enfermeras no podían entender su estado de ánimo feliz. El corazón inocente de Micah no tenía idea de lo que estaba pasando a ese tiempo. Él no mostraba señal de estar enfermo. La enfermera camino atrás y dijo que serían horas hasta que nos llamaran para hacer análisis. Para esta hora, ya estaba oscuro afuera. No estaba segura de que esperar, pero antes de pensarlo mucho, entró una doctora.

Ella dijo, "Yo estaré cuidándolo por esta noche," mientras ella escribía su nombre sobre la pizarra blanca. Mi esposo quedó boquiabierto. La doctora principal, quien fue muy conocida por los comerciales en televisión de TCH, estaba dando a las enfermeras instrucciones. Ella continuo, "¡Estamos tomando un escáner ahorita y en menos de 24 horas tendremos un plan de cuidado para su hijo!" De repente una "paz que sobrepasa todo entendimiento" tomó nuestras mentes. Se sintió como si el "Gran Doctor" había entrado. En ese mismo momento, no teníamos resultados específicos, ni algún plan exacto, pero teníamos un reconforte que Dios estaba en control. Yo pude ver el rostro de mi esposo alegrarse. En poco tiempo, mi esposo estaba caminando con nuestro hijo por los pasillos para tomar los escaneos.

Dentro de las próximas 24 horas, todo pasó tan rápido. Micah fue transferido al Unidad de Cuidados Intensivos para que pudieran monitorear su presión arterial cuidadosamente. Nunca olvidaré el sentir de la primera vez que entré a la Unidad de Cuidados Intensivos. Se desapareció mi seguridad a un nivel de incertidumbre. Mientras pasaban las horas, los cables sobre Micah estaban acumulando muy pronto. Lo que pasó la siguiente mañana, en un domingo, fue el principio de detalles desgarradores que siempre estarán registrados en mi mente. El área donde se encontraba Micah estaba cerrada con una puerta corrediza de vidrio. Podíamos ver a un grupo de médicos y enfermeras reunidos en un círculo, mirando cuidadosamente la pantalla de una computadora. Nos llevaron a mi esposo y a mí fuera de las puertas de vidrio. El primer doctor apunto sobre la pantalla y dijo, "Esto es como se ve el riñón de su hijo...hay un tumor del tamaño de una naranja sentado sobre el riñón derecho de su hijo." El doctor continuó "...pero también hay lo que se parece ver como otro tumor pequeño creciendo sobre su lado izquierdo." Todos los doctores tomaron una pausa, esperando nuestra reacción.

Al no tener gran conocimiento en el área de medicina y solo pensando como una madre, les dije, "Entonces, ése lo pueden sacar?"

El próximo doctor dijo, "No es así de fácil." Él nos explicó que no sabían la composición del tumor, y si el cirujano lo removiera, el tumor se podía derramar. Si era maligno, el cáncer podía extenderse a otras partes de su cuerpo. De repente había un nudo en mi garganta, mientras mi esposo rompió en llanto, tratando de recuperar su compostura. El doctor terminó por decir, "Vamos a tratar esto como cáncer, estaremos formando un plan para tratar esto..."

Todo en mi mente estaba nublado de nuevo. En la tarde, las enfermeras nos pidieron que saliéramos porque estaban sedando a Micah para ponerle una línea arterial. Nos sentamos afuera de su cuarto por la primera vez desde que habíamos llegado, escuchamos a nuestro niño llorar. Sus llantos estaban quebrando nuestros corazones tanto que mi esposo no aguantaba estar allí; él tuvo que alejarse fuera de allí. Yo siempre fui la más fuerte en nuestro matrimonio, y hasta ese momento, no lo había procesado completamente porque quería permanecer fuerte. Lloré mientras estaba allí sentada escuchando los llantos de mi niño de once meses. La línea arterial fracaso, y Micah tuvo que ser programado para anestesia.

El 10 de marzo, 2015, la publicación de mi Facebook en esa noche terminó así: "... ¡Mientras esperamos a los doctores y cirujanos a que hagan un plan, continuaremos confiando en Dios durante el proceso de la sanidad de Micah, desde su cabeza hasta las plantas de sus pies! ¡No hay otro nombre más grande que clamar, solo el dulce nombre de Jesús mientras esperamos! *Aunque un ejército acampe contra mí, no temerá mi corazón; aunque contra mí se levante guerra, yo estaré confiado.* (Salmo 27:3)"

Nuestras actitudes en ese proceso de 24 horas ciertamente fue la fundación de lo que nos esperaba. Mientras estaba en la UCI, encontramos muchos obstáculos. Los doctores y los cirujanos finalmente formaron un plan. El plan era que cuando Micah saliera del UCI, lo iban a registrar en el centro de cáncer en el noveno piso para comenzar su primer quimo terapia. Cuando todo fuera asesorado, el regresará a su hogar y continuaría con visitas cada semana para tener tratamientos, hasta que los doctores lo reevaluaran. El único problema era que la presión de Micah todavía estaba elevada. Por mientras, pusieron a Micah a dormir para ponerle el puerto. Me recuerdo que mientras pasaban los días y se llegaba más cerca de ser una semana, mi esposo y yo estábamos muy cansados mientras nuestro hijo todavía estaba en la Unidad de Cuidados Intensivos. Tomábamos turnos quedándonos con Micah durante el día y la noche. No había lugar para dormir, excepto en una silla que no se reclinaba. Toda nuestra energía se estaba consumiendo y el enemigo encontró una puerta abierta. Una noche, mientras me sentía tan agotada, sin importar lo que trataba, no podía sacudirlo. Y para colmo, desde la izquierda a la derecha, los pacientes no estaban muy bien en el UCI. Había anuncios constantes sobre "CÓDIGO AZUL." Se sentía como si un espíritu de muerte había entrado al salón de UCI esa noche. Salí para llamar una querida amiga mía y comencé a contarle la pesadez que yo estaba sintiendo. Ella dijo, "Jazmín, saca tu aceite y unge la puerta del salón de Micah." Para los demás que me estaban mirando, probablemente esto era algo ridículo, pero mi desesperación me empujó a grandes medidas.

 Los datos de la alta presión de Micah demostraron un cambio significativo por la noche. La próxima mañana, las enfermeras recibieron la luz verde para comenzar la transferencia de Micah al piso noveno en el centro de cáncer. ¡Una vez más, vimos la mano de Dios moverse!

El piso noveno era donde todos los pacientes de cáncer se quedaban cuando estaban admitidos. Conocimos a niños con sus padres que habían hecho este lugar su hogar. La gravedad del cáncer lo hizo imposible para que se salieran del hospital. El ambiente era agridulce, mientras mi esposo y yo mirábamos las caras de los niños sonreír a pesar du sus circunstancias. Nuestro tiempo en el piso noveno cambió algo en nuestros corazones y mentes para siempre. Al acomodarnos, la trabajadora social nos llevó al centro de infusión. Esto era el lugar donde Micah tendrá su quimo terapia cada semana cuando lo mandaran al hogar. ¡Y este fue el momento cuando yo como mamá, me quebrante! El hecho que mi hijo tenía cáncer se convirtió en mi realidad. Me recuerdo caminando por el pasillo con la trabajadora social, y de repente me detuve llorando incontrolablemente. Yo nunca sabía que este lugar existía, y no podía entender porque Dios escogió que mi hijo estuviera allí. De repente yo tenía tantas preguntas para Dios. Sin embargo, en un lugar profundo en mi corazón, yo sabía que Dios no nos iba desamparar.

La siguiente tarde, nuestro Micah estaba en la lista para su primer quimo terapia. Nos advirtieron de todos los afectos secundarios que causaría el quimo, como síndrome de pie caído, la perdida de las cuerdas vocales, y un sistema inmune bajo. En esa tarde, mi esposo y yo nos unimos en oración que Dios protegiera a Micah de todo lo mencionado. Esto fue el principio de muchas oraciones de la batalla de Micah.

Después de estar en el hospital por una semana, nos mandaron al hogar con un plan de tratamiento para Micah. Por las próximas seis semanas, él estará tomando el quimo terapia una vez por semana. Los médicos querían ver si los tumores se reducirían con la ayuda de la quimioterapia y, de ser así, sería un cambio drástico. Nuestra tormenta no se había acabado, pero las olas se habían calmado lo suficiente para mantener nuestras cabezas por arriba de las aguas. Este nuevo cambio a la dinámica de nuestro hogar no era fácil. Nuestros hijos en el hogar sintieron nuestra ausencia. Los pequeños no lo podían comprender y los mayores necesitaban atención. Tratando de mantener todo normal lo más posible, era imposible. Era como si nuestro mundo se había partido en dos y no había nada que podíamos hacer para cambiar lo que nos esperaba por delante. En los próximos seis semanas, estaríamos caminando hacia lo desconocido, las incertidumbres de no saber que esperar. El enemigo me recordaba constantemente que mi hijo tenía un tumor y que los doctores verdaderamente no sabían si era maligno o benigno.

Una mañana mientras estaba en mi jardín de flores, un espíritu de temor vino sobre mí. Comencé a pensar, "¿Que si Dios escoge no sanar a mi hijo y que si pierdo a mi hijo?" Decidí llamar a mi querida amiga para ayudarme ordenar mis emociones. Ella me recordó que todos mis años de vivir y caminar con Dios han llegado a este momento de fe. Estas palabras me regresaron otra vez a mis rodillas, al lugar donde había orado hacía meses para que Dios interviniera en nuestro hogar. Mientras estaba de rodillas, batallé con los pensamientos de temor, muerte y pérdida. Entonces la palabra de Dios vino a mí, "*Aunque ande en valle de sombra de muerte, no temeré mal alguno.*" Esta escritura nunca tenía sentido para mí, pero en ese día, yo estaba en el valle y la muerte era una realidad. Clamé ante Dios con toda mi alma y fuerzas, "Señor, yo rindo mi voluntad a Tu voluntad, mi Micah pertenece a Ti, ¿pero por favor ten misericordia de mi hijo?" Le ofrecí todo mi corazón a Dios, y reusé pararme sin tener una respuesta de Dios. En esa mañana Dios me dio estas palabras, "¡ESTA HECHO!" Estas palabras serían mi recordatorio mientras permanecíamos en el campo de batalla.

Cuatro semanas dentro del quimo terapia de Micah, el equipo de doctores decidió que nuestro hijo estaría programado para someterse a una cirugía. Nos dijeron que el tumor de Micah por lado derecho se estaba reduciendo un poco, pero que el quimo terapia no tenía efecto sobre el lado izquierdo, y fue diagnosticado como "pre-etapa." Bueno, como una semana antes de la cirugía, Micah tenía fiebre y el protocolo era llevarlo para ser examinado. Corrimos a emergencias, donde lo admitieron al piso decimo para una transfusión de sangre. Los números de ANC de Micah estaban a 130. Él estaba peleando sin un sistema inmune. Él necesitaba tratamientos de respiración cada cuatro horas. Esa noche, mi corazón estaba por los suelos mientras vi a mi hijo pelear por su vida. Nuestras oraciones estaban cambiando cada hora, y de nuevo nuestro Dios movió mientras contábamos las pequeñas victorias de Micah lentamente ganando su sistema inmune.

Los doctores no nos permitían regresar a la casa hasta que Micah alcanzara 500 ANC. Un día torno en una semana. Mi esposo estaba agotado entre su trabajo, el hogar y quedando en el hospital. Quedándonos en el décimo piso era la configuración más incómoda. Debido que el noveno piso nos proporcionaba acceso a nuestras necesidades de diario vivir, nos hacía sentir más en casa. El cuarto de Micah estaba localizado al final del pasillo, pasando las puertas dobles, y nuestra vista de la ventana era a otro edificio. Es cuando me di cuenta en medio de mi frustración que estábamos muy confortables en el valle; perdimos la vista de las victorias en frente de nosotros. Ese viernes tuvimos una visita de una pareja de nuestra iglesia, un ministro y su esposa. Yo sabía que estaban allí para visitar a mi hijo, pero en ese día yo estaba en necesidad desesperadamente de oración.

Verdaderamente creo que Dios había mandado a alguien para depositar a mi alma. En esa mañana, antes de que se fueran, Dios renovó mi espíritu con alabanza en mi boca. Ese mismo día, Micah alcanzó la marca de 500 en su ANC, el doctor lo dio de alta del hospital para regresar a su casa y nos dieron cita para regresar la próxima semana para la cirugía. El día de la cirugía finalmente llegó y la gente que participaron en este día verdaderamente fueron organizados por Dios, igual como el día que entramos a la sala de emergencias. Mi esposo abrazó a nuestro hijo fuertemente mientras caminábamos a Micah para prepararlo para la cirugía. El comenzó a llorar mientras esperábamos al equipo de doctores y enfermeras para que se llevaran a nuestro hijo. Mi esposo necesitaba palabras de aliento más que yo. Antes de que las enfermeras comenzaran el proceso de anestesia, el mismo ministro y su esposa quien nos visitó la semana antes corrieron hacia donde estábamos. Le recordaron a mi esposo de la historia de Moisés, como su mamá lo puso en una canasta no sabiendo que iba pasar. Jocabed, la mamá de Moisés confió que Dios lo iba a proteger de todo peligro de las aguas. Estas palabras de confortación fueron enviados de Dios, como cada otro tiempo que Dios enviaba a la persona adecuada al tiempo adecuado. Ellos oraron sobre Micah antes de que lo pusieran en las manos de los cirujanos, doctores y enfermeras.

 Mientras esperábamos en el salón de espera con nuestra familia y amigos, un asistente médico que fue asignado para la cirugía de Micah nos daba informes. No era un requisito darnos los informes cada hora, pero por medio de su gesto considerado sabíamos que Dios lo había asignado. Finalmente nos avisaron que Micah estaba en el salón de recuperación. Pero antes de ver a nuestro hijo, nos sentamos con el cirujano para que nos dieran todos los detalles de la cirugía de Micah. Nos dijeron que el doctor que realizó la cirugía de Micah era un cirujano de renombre. No había duda de que Dios nos asignó con lo mejor. El cirujano comenzó por decirnos que la cirugía fue un éxito, pero que desafortunadamente tuvieron que remover el riñón derecho con el tumor. Lo que se había visto sobre los escaneos de Micah que había sido diagnosticado como "pre-etapa" al lado izquierdo, era un pequeño quiste. ¡No era cáncer! Antes de la cirugía, el doctor mencionó que, si el riñón derecho se tenía que remover, que la glándula adrenal también vendría con ello. Bueno, Micah pudo quedarse con la glándula adrenal porque no había ningún apego. Cuando el pequeño quiste estaba encajonado sobre el riñón izquierdo, el cirujano dijo que él también estaba preocupado de tener que poner una línea de drenaje, pero gracias a Dios la línea de drenaje no se necesitó para nada. El cirujano hizo un seccionamiento de los ganglios linfáticos para posibles expansiones. Si los resultados eran positivos, Micah necesitaría radiación en esa área, pero si los resultados eran negativos, Micah solo necesitaría quimo. Había una pequeña posibilidad que el tumor derecho que removieron fuera considerado maligno. Aunque los doctores no podían confirmar los resultados de la biopsia todavía, en nuestros ojos Dios ya había hecho lo milagroso. Después de algunas horas en el cuarto de recuperación, las enfermeras sintieron que Micah estaba listo para estar en un cuarto. A nuestra sorpresa, no fue en el centro de cáncer sobre el piso noveno, ni el décimo, pero era en el piso undécimo que nuestro hijo Micah terminaría su recuperación. No podíamos negar estos detalles pequeños porque nuestro Micah nunca lo admitieron al piso noveno otra vez. Y como habíamos aprendido a caminar fuera de nuestra zona de comodidad mientras estábamos en el décimo piso, sabíamos que nuestro tiempo en el piso undécimo era un paso más cerca al milagro de nuestro hijo.

Después de una semana de estadía en el hospital, teníamos una cita con el cirujano para obtener resultados dos semanas después. Nos dijeron que el tumor de Micah era un "tumor favorable," exactamente lo que el equipo de doctores deseaba. El tumor estaba encapsulado, que significa que era benigno. Y estaba colocado en las orillas del riñón, apenas tocándolo. Así que, el tumor Wilm fue diagnosticado como una etapa 2. Las muestras de más de 30 ganglios linfáticos regresaron negativas, pero Micah tendría que continuar tomando quimo terapia. Esto se harían como una medida de precaución para asegurar que no había células en esos lugares invisibles. El quimo terapia sería extendido más 20 semanas, tomando recesos entre ese tiempo. Mientras mi esposo y yo absorbíamos todos los detalles, nuestras lágrimas comenzaron a desbordar. Nuestros corazones estaban saturados con gozo, pero Micah todavía no tenía la señal de "fuera de peligro." Las semanas tornaron hacia meses, y encontramos muchos obstáculos. Nuestro Micah fue llevado de urgencia a la sala de emergencias muchas veces por tener fiebres altas. Había un punto en este tiempo que el quimo se tenía que parar. El quimo terapia estaba afectando las cuerdas vocales de Micah, haciendo su voz ronca. Mientras tomábamos un receso más largo, eso quiso decir que sus tratamientos iban a prolongarse más, haciendo el proceso más largo. Aun, contábamos las victorias a lo largo del camino. Micah nunca sufrió de síndrome de pie caído como los doctores nos dijeron. De hecho, él nos sorprendió y aprendió a caminar.

Finalmente, nuestro Micah fue programado para su último tratamiento de quimioterapia. Como paciente de cáncer, "sonando la campana" es una señal que ahora estas en remisión. En el 17 de septiembre de 2015, ¡nuestro Micah sonó la campana! Nosotros creemos que Dios le dio a Micah la victoria mucho tiempo atrás, aún antes de "sonar la campana," pero en este día ¡él estaba oficialmente "libre de cáncer!"

Nuestros corazones estaban agradecidos que nuestro hijo estaba "libre de cáncer," pero todavía estábamos luchando con las emociones de ansiedad mientras nuestro hijo continuaba de tener escaneos cada tres meses. Hace poco estábamos contentos porque era el ano (2018) que Micah fue de tener escaneos cada tres meses a cada seis meses. Pero en esa visita, los escaneos revelaron una mancha sobre su pulmón derecho. Después regresamos en tres meses, solo para que los resultados de los escaneos demostraran que también tenía una mancha en su pulmón izquierdo. Esa noche me senté en el estacionamiento con una pesadez sobre mí, de repente me recordé mi oración de tres años atrás, donde el enemigo trató de poner temor en mí. Yo sentí un espíritu de valentía venir sobre mi mientras oraba, "Señor, rindo mi voluntad a Tu voluntad. *¿Si Dios es por nosotros, quién contra nosotros?* Si es Tu voluntad que Micah pase por esto otra vez, entonces yo sé que Tu nunca nos desampararas. Si lo hiciste una vez, lo harás otra vez. ¡Y lo que has comenzado, lo terminaras!" ¡Yo quería que el enemigo me escuchara porque esta vez él no iba a robarme las palabras que Dios me dio en ese tiempo: "ESTA HECHO"!

Para hacer la historia corta, era tiempo para hacer escaneos de Micah otra vez. La enfermera me llamó el día anterior para decirme que Micah no tenía seguro. Me sugirió que pudiera pagar de mi bolsa o esperar hasta que había seguro y comenzar de nuevo. Pero que tendría que tener la aprobación del doctor si decidiéramos a esperar, solo por lo que se miraba sobre los últimos escaneos. Mi esposo y yo no podíamos entender porque no había seguro, apenas lo habíamos confirmado la semana anterior y de seguro no teníamos dinero. Inmediatamente comenzamos a orar. La enfermera nos llamó otra vez el siguiente día para decirnos que el doctor aprobó que sus escaneos no se hicieran hasta diciembre. Supimos de inmediato que había sido de Dios que él lo aprobara.

El día finalmente llegó para que nuestro Micah tuviera sus escaneos de nuevo. En cuanto la doctora entro, inmediatamente dijo, "¿Adivina qué?" ¡Micah está progresando! ¡Él va de tres meses a cada seis meses! ¡Sus escaneos están limpios!"

Mientras estábamos en la brecha por nuestro Micah y caminábamos en tierra desconocida, había tiempos que se parecía como que Dios estaba en silencio. En esos tiempos, aprendimos a cambiar nuestras oraciones, aunque se estaban cambiando constantemente cada hora. Cada oración era un cambio de la mano de Dios hacia nuestra batalla, y cada cambio era un paso más cerca a la victoria de Micah. Dios permitió que nuestro mundo fuera agitado para que ÉL pudiera formar un fundamento más fuerte para nuestra familia. Mi esposo sabía quién era Dios por medio de los ojos de su abuelo, pero no sabía que Dios podía hacer por él. Para mí, yo sabía quién era Dios, pero no había aprendido a confiar en ÉL completamente.

¡En el transcurso del tiempo, nuestra familia ha enfrentado muchos obstáculos, pero nuestra fe inmovible ha triunfado sobre todo ello!

Información de Contacto
Jazmin_torres@att.net

La Familia Goodwin

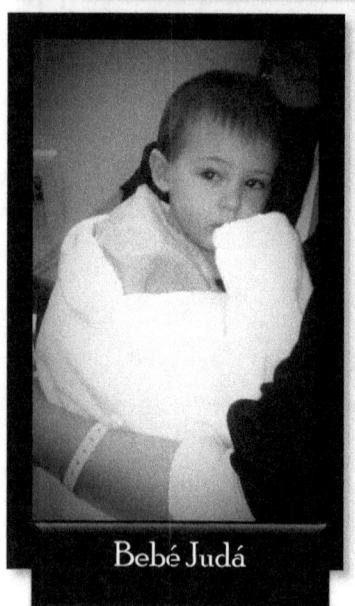

Bebé Judá

Judah Goodwin

CAPÍTULO 9

Andrew & Tamara Goodwin

Abrimos nuestro testimonio en febrero 2012, con mi esposo y yo en la oficina del doctor, esperando para los resultados del ultrasonido.

Andrew: Era uno de esos días, pensando que la vida está bien, Dios estaba bendiciendo. Oficialmente me había convertido en el pastor de una iglesia varios meses antes, toda mi familia vivía alrededor del área, y otro niño bebe estaba en camino.

Tamara: Yo siempre decía que yo amo a mis dos hijos y que quería ser bendecida con otro bebe saludable. Sin embargo, el momento de verdad llegó cuando me encontré sollozando después de que nos informaron que nuestro tercer bebe era otro niño. Me di cuenta de que estaba mintiéndole a Dios y a mí misma. Después de que mi mamá falleció, como seis meses antes, yo, en secreto, quería una hija para continuar la relación de madre-hija que yo tuve la bendición de tener creciendo. Después de dejar la oficina del doctor, mi esposo y yo nos íbamos a regresar a la casa de mi familia donde nos esperaban para cenar. Allí era donde nuestros dos hijos estaban esperándonos mientras típicamente estábamos consentidos por la familia.

Andrew: Estábamos afuera platicando con algunos miembros de la familia. Nuestros hijos estaban jugando en el pasto. (Algo raro para nosotros debido a que vivíamos en el desierto.) De pronto, una camioneta de un miembro de la familia vino manejando hacia donde nosotros estábamos parados. Mi esposa y yo nos aseguramos de que los niños no estaban en peligro, entonces los dejamos jugar cuando se paró la camioneta. (Pensábamos.)

Tamara: Estábamos parados afuera en el patio, platicando del cambio de los eventos del día. Mientras hablábamos, uno de nuestros familiares más jóvenes vino manejando por el largo camino de la entrada en una gran camioneta Toyota con tracción de cuarto por cuatro. Estiré la mano para recoger a mi hijo menor, Judá. (Él tenía dos años en ese tiempo.) Lo sostuve hasta que la camioneta paso e inmediatamente lo bajé. Mi estomago creció tanto que solo podía cargarlo por cortos periodos de tiempo. Eso sería una de las acciones más lamentables de mi vida. Los otros niños estaban jugando a la izquierda del patio y estaban saludando al que conducía el auto. El que manejaba puso la camioneta hacia el derecho con los otros autos.

Andrew: Sin embargo, el que manejaba movió el auto, hacia un lugar para estar más fuera del camino. Con gozo, Judá corrió para saludar al conductor, pero no lo podía ver. Yo di la vuelta al mismo tiempo que la camioneta lo tumbó y pasó sobre él, en frente de mis propios ojos. Mi gritar cayó sobre oídos sordos. Estaba pensando, "¡Dios, no dejes que Judá este muerto! Permita que él esté bien."

Tamara: Así como tantos familiares habían estado allí en la belleza del día, se cambió a un horror mientras mirábamos a mi hijo menor venir de atrás de otro auto, corriendo a encontrar a ese familiar querido. Mientras la camioneta volteó hacia el estacionamiento, vimos con agonía como la camioneta lo empujó para abajo y pasó sobre su cuerpo, desde abajo de su abdomen hacia su ingle y su muslo superior izquierdo. En un momento tan rápido, mi mundo paró. Era como que yo estaba mirando una escena dramática que se interpretaba en frente de mí. Yo recuerdo tratando de gritar, pero sentía que nada estaba saliendo porque no tenía bastante aire en mis pulmones. Literalmente me quitó el aliento. Comenzamos a correr hacia mi hijo. Él tenía una mirada intensa de asombro y temor, pero no estaba llorando o moviéndose. Luego mis oídos se abrieron a los sonidos a mí alrededor. Yo escuché a todos a mí alrededor gritando y clamando a Dios. Clamando al nombre sobre todo nombre, ¡El Nombre de JESUS!

Andrew: Corrimos hacia donde él estaba tirado, sin moverse, pero con ojos abiertos y en asombro. ¡El temor me pegó fuertemente! Pero, lo suprimí porque mi hijo me necesitaba. Siempre había estado allí para mis hijos. Su papi siempre estaría allí para protegerlos.

Tamara: El movimiento en la camioneta captó mis ojos. El que estaba manejando estaba saliendo de su camioneta, preguntando qué estaba pasando. Escucho los gritos y miraba las reacciones de todos. El que manejaba no sintió el impacto del niño debajo de la camioneta grande. Todos estábamos en un estado de asombro, cuando estaba llamando al 911 la familia no podía recordarse del domicilio de la casa para dárselo a la operadora de emergencia.

Andrew: Mi cuñado quiso llevar a Judá adentro, pero yo estaba inseguro de moverlo. El entendió mi preocupación y cuidadosamente llevamos a Judá adentro del hogar. Judá comenzó a llorar y a gritar cuando lo acostamos en la mesa de la cocina y procedimos a cortarle la ropa para ver mejor el trauma en su cuerpo. Parecía como unos momentos cuando los paramédicos llegaron corriendo. Querían que los siguiera al hospital, pero estaba firme de no dejar el lado de Judá. Les informé que yo estaría acompañando a mi hijo.

Tamara: Mi cuñado era rápido con responder y con sus acciones. Inmediatamente comenzaron a revisar el cuerpo de mi hijo para heridas aparentes y sangrar. Luego él y mi esposo cargaron a mi hijo a la casa para cortarle la ropa para evaluar las heridas lo mejor que pudieran. Mientras, yo corrí al frente de la propiedad para abrir la puerta para el equipo de emergencia. Se sintió como un largo tiempo, pero en realidad solo tomo unos minutos para escuchar el sonido del camión de bomberos y la ambulancia que se acercaban. Cuando llegó el equipo de emergencia, me dijeron que mi cuñada me iba llevar mientras mi esposo se iba en la ambulancia con nuestro hijo. Pronto estarían saliendo en camino al hospital.

Andrew: En la ambulancia, mientras íbamos en camino al hospital de niños, el paramédico constantemente estaba revisando los signos vitales. Sus expresiones y términos que usaba me preocupaban. Yo estaba cantándole a Judá, "Jesús Me Ama," y paraba para hacerles preguntas. Cada vez que paraba de cantar, Judá comenzaba a gritar y llorar. Entonces seguía cantando y Judá paraba de llorar. Múltiples veces trate de aguantarme, tratando de cantar "Jesús Me Ama," cuando los pensamientos en mi mente decían, "¿Cómo es posible?"

Tamara: Mirando hacia atrás, no podría decir que hora del día sucedió esto, pero en mis memorias del camino en el auto hacia el hospital estaba muy oscuro afuera. No recuerdo la luz del día. Yo recuerdo sintiendo indefensa y sabía que estaba pasando por nuevos niveles de angustia emocional que nunca había sentido anteriormente. Perturbada con las intensidades de mis emociones, sabía que no podía orar las oraciones que mi hijo desesperadamente necesitaba en ese momento. Frenéticamente comencé a revisar los contactos de mi teléfono para encontrar alguien que conociera que estuviera dispuesto y pudiera interceder. ¡Estaba urgentemente necesitada de gente que estuviera dispuesta a llegar al trono de Dios en nombre de mi hijo ahora mismo! La primera persona que llamé fue mi abuelo, Paul C. Seagraves. Hombre de Dios, había vivido y predicado la preciosa verdad pentecostal sin compromiso. Mi llamar no era un hábito regular, así que él estaba feliz de escuchar de mí, pero cuando me pregunto cómo estaba yo tenía que ser honesta. Le di un breve informe de la situación, pero recuerdo diciendo, "¡¡Abuelo, necesito a gente que puedan orar!! ¡Por favor ora y pídele a la familia por oración! ¡Por favor!" Él estuvo de acuerdo y colgamos.

El siguiente contacto que hice era por texto. Era una mujer de Dios fuerte y con mucha experiencia quien me dio su número cuando mi mamá falleció, Hna. Mary Wilson. No tenía ninguna intención de comunicarme con ella, pero en este momento de desesperación, le envié un texto breve, pero pidiéndole por oración. Ella respondió y que también su iglesia local estaría orando durante el servicio después por la tarde. Cuando supe que había un pueblo orando, comencé a llorar y pedirle a Dios que me perdonara por no querer que mi bebe fuera otro niño. Yo amaba a mis hijos y no quería que Él me quitara a mi pequeño Judá o causarle daño por mis motivos egoístas que tuve más temprano en ese día.

Andrew: Cuando llegamos al hospital, las puertas de la ambulancia se abrieron, y yo estaba tan sorprendido de ver una gran multitud de doctores, enfermeras y empleados. Todos esperando que nuestro hijo Judá llegara. No recuerdo cuanta gente estaba trabajando con Judá, pero me mantuvieron al lado de su cabeza y cantando en su oído. Fue bastante sorprendente incluso para los médicos que mientras siguiera cantando a Judá, él no gritaba. Sin embargo, era obvio que tenía un dolor insoportable y estaba traumatizado.

Tamara: Para nuestro asombro, de alguna manera nuestro auto llegó al hospital antes de la ambulancia que llevaba a mi hijo y a mi esposo. Estaba preguntado e inquiriendo sobre su estado cuando nos informaron que el departamento de emergencia en el hospital estaba en alerta y que estaban esperando la venida de mi hijo con un grupo grande para comenzar a trabajar con él. Eso no era una exageración. Había tres doctores del salón de emergencia, como 20 empleados de enfermeros y seis a ocho empleados administrativos en ese cuadrante que estaba bloqueado, listos para cuando llegara al niño de dos años quien fue atropellado.

El estado que me dieron en esa noche me hizo comprender que crítica era la situación. Cuando escuché los gritos anunciando que llegó el paciente que esperaban, mi mente estaba corriendo. No había hablado con mi esposo desde el momento del accidente, debido a la necesidad de actuar. No había tiempo para apoyo emocional. Había tantos empleados disponibles que apenas pude ver pasar la cabeza de mi esposo y no pude ver a mi hijo. Durante el proceso, acepté manejar todo el papeleo administrativo y responder las cien preguntas que vienen con los viajes a la sala de emergencias, más las cien adicionales cuando el herido es menor de edad. Luego me informaron que la policía también estaba enviando a su personal para completar un informe de incidente.

Mientras contestaba las preguntas y firmaba la documentación, fuimos interrumpidos con los gritos de mi hijo. Me detuve para exigir una actualización de estado. No pude terminar ni pensar con claridad para responder más preguntas hasta que tuviera respuestas yo misma. Se esforzaron mucho para asegurarme que mi Judá estaba en buenas manos y que sabrían más muy pronto. Eso sucedió dos o tres veces, hasta que finalmente no pude soportarlo o continuar. Los gritos llegaban tan rápido y fuerte y luego se detenían tan instantáneamente como llegaban. Finalmente, una mujer pasó a través de la ajetreada multitud para hablar conmigo.

Ella dijo, "Quiero avisarte lo que está pasando. Tu hijo está estable y lo están revisando para hemorragia interna, huesos quebrados y otras preocupaciones. Mientras tu esposo se viajaba con él en la ambulancia y desde que llegó con él, él le está cantando, y cuando los doctores tienen necesidad de mover a tu esposo o hablar con él, tu hijo comienza a llorar inmediatamente cuando tu esposo para de cantar. Pero cuando papá comienza a cantar, tu hijo para de llorar. Tu hijo todavía no ha recibido algún medicamento para el dolor porque eso interfiere con la evaluación y el examen de los doctores, porque él está muy joven para explicar lo que le está pasando. Pero tu hijo no parece estar en alguna aflicción mientras su papá le está cantando en su oído. Así que le hemos pedido que siga cantando."

En otros veinte o treinta minutos, habían descartado los huesos rotos y determinaron que no había hemorragia interna aparente. Me informaron que Judá sería admitido para más pruebas y exámenes, pero ahora podía verlo. Me acompañaron entre la multitud que ya se estaba disminuyendo para estar al lado de la cama de Judá. Me acerqué a él y a mi esposo, y pude escuchar a tres o cuatro más voces cantando con mi esposo mientras trabajaban en el salón. ¡¡"Jesús Me Ama" se convirtió en el himno del salón!! Qué hermoso sonido escuché desde que vi a mi hijo cuando sucedió la tragedia. Tomé su mano y las lágrimas cayeron por mis mejías, y miré el rostro de mi hijo Judá. Pude ver un bebe atemorizado, pero él sabía que Dios lo estaba cuidando. Así le había dicho su papi.

En la próxima hora, llegó el oficial de policía para llenar el informe del incidente. Después de responder muchas preguntas y dejándole hacer su trabajo, nos dijo, fuera del informe judicial, que él también tiene un niño pequeño en su hogar. Él dijo que cuando recibió la llamada, su corazón le dolía pensando en su propio bebe. Él nos dijo que él entendía porque era un accidente que podía suceder a cualquiera. Después de hablar con nosotros y mirando a la cara de Judá, esta llamada que pudiera ser una tragedia horrífica tuvo el potencial de tener un buen fin. Él estaba animado y feliz de regresar a su casa con su propia familia. Mi esposo y él hablaron. ¡Mi esposo le animó de orar con su propia familia esa noche!

En los próximos días, se hizo evidente que habría días difíciles de recuperación por delante. Tuvimos muchas visitas del cirujano jefe del hospital. Cada vez que entraba en la habitación del hospital con una actitud que hacía evidente que no quería hablar. (Solo déjalo hacer su trabajo) Sin embargo, en su última visita hacia el final de la estadía de Judá en el hospital, el médico declaró: "Probablemente pensaron que vieron que sucedió algo que no sucedió".

Estaba asombrada, pero respondí que estaba dispuesta a despertar a mi hijo para que él pudiera ver las marcas en su cuerpo. Le recordé del informe de la sala de emergencias que decía, "marcas de llantas indicadas."

El cirujano encabezado comentó, "pero Señora, eso será lo mismo de alguien atropellando un bote de aluminio sin aplastarse."

Estaba sin palabras. La única respuesta que pude dar era, "¡Pero yo tengo un Dios bueno!"

Andrew: Los días por venir fueron tan borrosos. Ni siquiera recuerdo cuándo transfirieron a Judá de la sala de emergencias a su propia habitación en el hospital. Mi esposa y yo tratamos de descansar, pero el dormir nos evadía. Pasaron unos días antes de que pudieran descartar cualquier daño importante a los órganos. Pude ver la pesadez en la cara de mi esposa, ya que ella había perdido a su madre por insuficiencia renal menos de un año antes. Los días tornaron a una semana entera. Estábamos extáticos cuando le quitaron todos los tubos a Judá y lo sacaron de la cama por primera vez para ver si él podía pararse. ¡Fue emocionante pero tan desalentador! Este niño, quien antes de este evento traumático, podía mantenerse al paso de su hermano mayor de cinco años, estaba tomando pasos como si fuera tomando sus primeros pasos, arrastrando su pie y caminando como si estaban entumidos sus pies. Pensé a Dios, "¿Señor, podrá Judá correr de nuevo?" Dios tiene una manera de ensenarnos Su poder y gloria aun cuando pensamos que las cosas nunca serán igual otra vez.

Solo unas semanas después, cuando llevamos a nuestros hijos al parque, Judá comenzó a caminar alrededor de los juegos. Era como que una luz se prendió mientras miraba su rostro y él comenzaba a correr varias vueltas al rededor. Hasta este día, Judá no demuestra señales de cicatrices, o discapacidad física. Él fue registrado de correr una carrera dentro de .5 segundos atrás de su hermano mayor el año pasado. Le gusta jugar baloncesto, escalar las rocas, y pasearse en su bicicleta. En la iglesia, él es "¡Nuestro Adorador!" (En cumplimiento de su nombre.)

Tamara: Judá necesitaba terapia física. Pero nuestro Dios ha sido fiel con Judá. Para el fin de treinta días, llevamos a Judá y nuestro otro hijo, Jaguar, al parque. Judá le gustaba estar afuera pero no jugaba mucho desde que era una batalla para caminar después del accidente. Pero nunca olvidaré ese día, mientras mi esposo y yo estábamos en medio del patio de juegos con lágrimas en nuestras mejías. Mirábamos a Judá caminar lentamente alrededor del patio de juegos, siguiendo el círculo alrededor hasta que pudo caminar más rápido, ganando fuerzas para comenzar a correr. Para unos veinte minutos él corrió el círculo de la caminata. Otros que estaban parados por allí paraban a ver mientras les contábamos la historia del milagro de Judá.

Dios tomó el dolor y temor y lo reemplazó con alabanza en mi Judá. Hasta este día, él a veces es el primero de correr adentro del servicio de la iglesia; o él salta más alto o él canta más fuerte. El primer canto que él aprendió a tocar en el piano para un especial para la iglesia era "Jesús Me Ama." ¡Le doy gracias a Dios cada día por su poder sanador innegable! Judá no tiene cicatrices – ningún efecto residual – ninguna complicación – ninguna indicación del evento. ¡Pero él sabe que Dios lo sanó, y que él es un milagro! Por medio de este testimonio, Dios ha puesto personas en nuestras vidas quienes hemos podido alcanzar con este precioso evangelio.

La gente me ha preguntado muchas veces, que será la parte más significante del testimonio de nuestro hijo. El elemento con el impacto más significante en mi vida será la revelación de la importancia de invertir e instilar el Nombre de Jesús en los corazones y mentes de nuestros hijos. Para traer paz en medio de las tormentas, para traer gozo en vez de lamento.

Rev. J. Andrew & Tamara Goodwin

Información de Contacto:
Revjagoodwin@gmail.com

Diana Cardenas

Conferencista

Diana Ministrando

Diana & Guillermo Cardenas

CAPÍTULO 10

Diana Cardenas

"y bienaventurado es el que no halle tropiezo en mí"
Mateo 11:6

El dolor tiene su propósito.

La palabra dolor...a nadie le gusta ni quiere hablar de ello. La palabra "éxito" es la clave hoy en día en los círculos de la gente de ministerio. Sin embargo, ¿alguna vez hemos considerado que algunos han sido elegidos para el dolor? Hasta fracaso...un pensamiento aterrador para muchos. Hay que entender, hay una diferencia de ser llamado y ser escogido.

"Porque muchos son llamados, y pocos escogidos."
Mateo 22:14

He llegado a entender que cuando uno es "llamado," tienen una decisión de responder o no. Muchos son llamados y nunca han respondido. Pero cuando alguien es escogido, no hay opciones. Tienes que responder...

"Antes de que yo te formara en el vientre de tu madre, ya te conocía. Antes de que nacieras, ya te había ELEGIDO para que fueras un profeta para las naciones"
Jeremías 1:5 PDT

La palabra clave en esta escritura "elegido," que, en acuerdo con el diccionario Cambridge, significa "oficialmente escogido." Otras definiciones son "anteriormente decidido, preordenado, decidido, determinado, y de nuevo "escogido."

En otras palabras, ya se ha decidido.

Realmente no hay salida. ¿Salida de qué? El proceso de ser escogido y el proceso de la unción. La unción solo viene de ser quebrantado y no hay otra forma de evitarlo. Cada palabra profética, promesa, y llamado que el Señor ha puesto sobre nosotros viene por medio de un proceso. Todo con el propósito de que el Señor pueda responder esta pregunta: ¿Puede confiar en ti con lo que quiere darte? ¿Puede confiar en ti con cómo quiere usarte? ¿Puede confiar en ti con lo que pertenece a ÉL?

La humildad solo viene por un proceso de entendimiento de donde y de Quien todas las cosas vienen...Jesús.

Es cuando estás en medio del proceso del dolor, sufriendo, esperando, no entendiendo tantas cosas, y quizá nunca lograr entender. Conoces las promesas de Dios sobre tu vida, pero fuiste escogido para esperar y escogido para doler. Una decisión tiene que ser hecha que mientras en medio del proceso, todavía confiarás en el Señor, reconociendo que verdaderamente estás en las manos del Alfarero y que, aunque tu carne llora de dolor y el dolor de esperar es tan profundo, aún tu corazón y tu espíritu dicen, "SIGO CREYENDO."

"*Y bienaventurada la que creyó, porque se cumplirá lo que le fue dicho de parte del Señor.*" Lucas 1:45

Para ser ungido, tienes que pasar por dolor, pero para ser usado por Dios, tienes que sanar de ese dolor...sanado de las heridas de tu sufrimiento. La sanidad de Dios te dará un testimonio y autoridad sobre lo que Él te ha sanado.

QUEBRADO AL NACER:

Yo soy un subproducto del divorcio. Mis padres se casaron en una iglesia apostólica por uno de los grandes pioneros de nuestra organización. No sé cuándo sucedió, pero algún tiempo antes o pronto después que nací, mi papa cayó de la gracia de Dios y cometió adulterio. Muchos quizá no comparten algo como esto, pero es parte de mi historia y parte de mi testimonio de quien soy en Dios. Es parte de mi proceso. El pecado de mi padre resultó en divorcio entre mis padres, haciendo a mi mamá una joven y bella mamá soltera en la iglesia primitiva. Desafortunadamente, la iglesia en ese tiempo no estaba preparada o equipada para recibir o ministrar a mi mamá y a mí. Después de tratar de servir a Dios y permanecer fiel, mi mamá recibió tanto rechazo que ella finalmente hizo la decisión de no intentar más. Esta decisión causo un efecto espiral en diferentes áreas de mi vida. En primer lugar, mi mamá se volvió a casar y comenzó una vida nueva sin la iglesia. Mis abuelos tomaron a esta niña y me criaron. Hasta hoy, estoy agradecida y entiendo que era la gracia de Dios que esto sucedió. Yo entiendo que Él me conocía antes de que naciera y que escogió una cobertura sobre mí que me protegería y me guardaría de las trampas del enemigo.

Aunque estaba protegida por mis abuelos, el divorcio y el rechazo afecto ciertas aéreas de mi vida. Yo era una niña con tantos complejos, inseguridades y problemas de bajo autoestima. Yo recuerdo no pensando mucho de mí misma y que siempre tenía la mentalidad de "la menos importante." Mientras yo crecía, yo llevaba todos estos complejos conmigo dondequiera que fuera. Lo más probable es que no apareciera en el exterior, pero todo estaba viviendo dentro de mí. Era una niña tímida, muy introvertida, rara vez hablaba, no miraba a las personas a los ojos y, por lo general, caminaba con la cabeza inclinada. Por alguna razón, siempre me sentía con pena y vergüenza. Aún, algo que nunca entendía en ese entonces era que yo siempre me sentía diferente y nunca parte de los demás. Siempre había algo dentro de mí que sabía que había un Dios y que Él caminaba conmigo.

A la edad de doce años, yo recibí el don del Espíritu Santo y fui bautizada en el Nombre de Jesús. Yo nunca olvidaré cuando salí de las aguas y me sentí tan liviana, como si estuviera caminando en las nubes. Mi vida cambio y la vida en el Señor era hermosa. Pero las inseguridades todavía vivían dentro de mí.

Cuando conocí a mi esposo, quien era un diacono en ese tiempo y después ordenado hacia el ministerio, todavía estaba quebrada y ni lo sabía. Llevé todas mis inseguridades, complejos y problemas de bajo autoestima dentro de mi matrimonio. Todas estas cuestiones afectaron cada área de mi vivir, incluso mi matrimonio y ministerio. Todavía, yo fui llamada, y más que eso, fui escogida.

EL PRINCIPIO DE MI SANIDAD:

Yo recuerdo un domingo después de que mi esposo predicó un mensaje poderoso. Yo estaba en el altar quejándome con el Señor que yo nunca tuve un padre porque me dejó. Comencé a preguntarle al Señor "¿por qué esto y por qué el otro?" Literalmente estaba entreteniendo una fiesta de lastima y pensé que el Señor me iba a abrazar y decirme que yo tenía razón de sentirme tan mal y pobre en espíritu. ¡Pero eso no fue lo que sucedió! De repente, escuché el Señor hablarme fuertemente. El Señor me dijo estas palabras: "¿Quién crees que es tu padre? ¿Quién crees que te ha protegido de las cosas que ni siquiera sabes? ¡Yo te he cuidado y YO TE HE AMADO! ¡YO SOY tu PADRE!" En ese momento, las lágrimas se detuvieron y todo lo que estaba diciendo y sintiendo se detuvo. Me arrepentí delante del Señor por quejarme y por querer un padre terrenal. Finalmente entendí que el Padre que yo tenía era el hombre más fiel que pudiera vivir... ¡mi Padre Celestial! Solo recibiendo Sus palabras dentro de mi espíritu sanó mi corazón y mi espíritu de la herida de vivir sin un padre (aunque, no fue así). Desde ese día en adelante, nunca pregunté o nunca me quejé de mi padre terrenal otra vez. Mejor, hice una cita con mi padre para pedirle perdón del dolor que tenía contra él por tantos años. Obviamente, eso era algo que él no entendió y estaba muy incómodo, aun, era algo que yo tenía que hacer para estar libre. Fui sanada del quebrantamiento de malas decisiones de mi padre y cualquier maldición generacional, porque después aprendí de intervenir por medio de oración de intercesión para quebrar cualquier cosa generacional.

Esto solo era el principio. Yo tomé todo lo que tenía dentro de mí y lo llevé dentro de mi matrimonio y ministerio. Yo fui sanada del quebrantamiento de malas decisiones que mi padre hizo, pero todavía era una mujer muy insegura. Y no solo una mujer, pero una mujer de Dios; una frase que nunca usé con respecto a mí misma por la vergüenza de saber lo compleja e insegura que yo realmente estaba dentro de mí. Yo no podía verme en la manera que Dios me veía.

Yo recuerdo que mi esposo y yo asistimos una conferencia de predicación y allí estaba yo...yo con el Señor, juntos otra vez, solos en el altar. He llegado a entender que el proceso de ser escogido incluye "citas divinas." Cada día de nuestras vidas ya están escritos, ¡incluso el día de nuestra sanidad!

El predicador comenzó a ministrar y hablar vida. Pero nunca olvidaré lo que dijo en el llamamiento del altar: "¡Si tienes que gritarlo, hazlo! ¡Nadie te va a parar!" No estaba segura de hacerlo o no, porque yo conocía a gente allí en la conferencia y ellos me conocían a mí. El orgullo de ser tan humana literalmente puede quitarte un momento divino con Dios. Pero mi desesperación era tan grande que me sentía que iba a explotar. Le dije al Señor, "¡No importa quién esté aquí y si me conocen o que dirán, yo quiero ser sanada!"

¡Eso fue cuando abrí mi boca! Honestamente, no había palabras que pudieran expresar tantos años de dolor que había dentro de mí. ¿Dónde comenzaría? Hice lo que dijo el predicador...no me importaba quien estaba a mi alrededor o quien me escuchaba, yo abrí mi boca. Literalmente sentí como que un mar de todo lo que estaba adentro de mí estaba fluyendo hacia fuera. No sé cuánto tiempo estuve en el altar. El tiempo transcurrió mientras el Señor me estaba sanando de todo complejo, inseguridad, y aun ira. Cuando me levanté del altar, mi esposo estaba allí durante todo ese tiempo, orando conmigo y él estaba allí para levantarme. Mientras miraba, solo había unas cuantas personas en el santuario. El servicio se había terminado y todos se habían marchado. Mientras caminaba con mi esposo, noté algo diferente. Me di cuenta de las luces en la iglesia, y no estaba mirando la alfombra. Estaba mirando arriba. Cuando entré al comedor donde todos estaban comiendo, noté que estaba mirando a cada persona a los ojos, con una sonrisa en mi rostro. Noté el gozo que sentía, y me di cuenta de que yo no era la misma persona. Me sentí limpia. ¡Mientras pasaba el tiempo, me di cuenta de que me encantaba reír y reír de carcajadas! Noté que mi cabeza estaba arriba y ya no abajo. Y cuando alguien me miraba, yo regresaba la mirada, de ojo a ojo. Aprendí a mirar adentro de los ojos de otros con discernimiento, entendimiento, y conociendo que el Dios quien me sanó también puede sanar a otros.

Estaba sanada.

EL LLAMADO:

"Antes de que yo te formara en el vientre de tu madre, ya te conocía. Antes de que nacieras, ya te había elegido para que fueras un profeta para las naciones."

Jeremías 1:5 PDT

Mi esposo y yo recibimos nuestro primer llamado al pastoreado en 1992, donde pastoreamos una iglesia pequeña en Loma Linda, CA. Después de servir allí algunos años, nos pidieron a recibir a la iglesia en San Jacinto, CA. Fue un tiempo muy bendecido y próspero en nuestro ministerio. El Señor nos bendijo con una casa nueva y nuevos muebles.

Fuimos bendecidos financieramente, pastoreamos una iglesia maravillosa, había crecimiento y unidad. Mi esposo acababa de registrar en la escuela con la intención de terminar su educación universitaria. De repente, el Señor comenzó a tratar con e impresionar sobre mi esposo un llamado sobre su vida. El salía de la casa y manejaba a su trabajo, a la escuela y regresaba al hogar llorando. Se convirtió muy emocional y no sabía por qué. Un día, simplemente se rindió al Señor y dijo, "Señor, cual sea lo que Tú quieres que yo haga o dondequiera que Tú quieres que yo vaya, me rindo." Mi esposo nunca compartió esto con nadie y continúo en oración.

Algunos meses después, estábamos asistiendo una convención nacional para nuestra organización. Mientras mi esposo asistía las reuniones pastorales, el presidente en ese tiempo habló con mi esposo y le dijo estas palabras: "El campo misionero te está llamando, ¿estás listo?... he puesto el manto sobre ti." Luego se alejó.

Yo recuerdo después del servicio estábamos cenando y mi esposo compartió lo que sucedió y las palabras del presidente. Estaba asombrada, mis hijos comenzaron a llorar, y el temor entró a mi corazón. Había un silencio completo en la mesa. Creo que no sabíamos cómo procesar en nuestras mentes tan gran llamamiento. Todo lo que recuerdo durante los años era escuchando y mirando nuestros misioneros cuando visitaban a los EE.UU. Recuerdo escuchando testimonios de sufrimiento y de grandes victorias en el Señor. Siempre había admiración y gran respeto para estos hombres y mujeres de Dios. ¿Pero nosotros? Yo nunca imaginé que el Señor escuchó las oraciones de una niña pequeña quien oraba en secreto deseando ayudar a otros en un país extranjero. Nunca pensé cuando mi esposo expresaría el mismo deseo como una joven pareja casada que Dios nuestros hijos, con la esperanza que ellos recibieran las noticias bien. Compramos las predicaciones que grabaron para que nuestros hijos las pudieran escuchar. Mientras nuestros hijos mayores, Willie y Vanessa escuchaban las predicaciones, el Señor habló directamente con ellos. Un día, mientras estaba en la cocina, nuestro hijo entró y dijo, "Mamá, el Señor está llamándonos al campo misionero." Comenzamos a buscar consejos e instrucción hacia los próximos pasos de tomar con nuestras autoridades. Mi esposo continuaba en oración, llevando nuestros hijos ante del Señor para más confirmación. Una noche, mientras estábamos durmiendo, mi esposo fue despertado por una voz que llamaba su nombre. Cuando él se despertó, él pudo ver la forma de un hombre parado al pie de nuestra cama. Él no podía ver rasgos faciales o ningún otro detalle, solo su forma. El hombre le dijo que se levantara y leyera Génesis 13:13 y adelante. En ese momento el hombre desapareció. Mi esposo inmediatamente se levantó y leyó la escritura: Génesis 13:13-18

"Mas los hombres de Sodoma eran malos y pecadores contra Jehová en gran manera. Y Jehová dijo a Abram, después que Lot se apartó de él: Alza ahora tus ojos, y mira desde el lugar donde estás hacia el norte y el sur, y al oriente y al occidente. Porque toda la tierra que ves, la daré a ti y a tu descendencia para siempre. Y haré tu descendencia como el polvo de la tierra; que si alguno puede contar el polvo de la tierra, también tu descendencia será contada. Levántate, ve por la tierra a lo largo de ella y a su ancho; porque a ti la daré. Abram, pues, removiendo su tienda, vino y moró en el encinar de Mamre, que está en Hebrón, y edificó allí altar a Jehová."

Esto fue la confirmación que mi esposo necesitaba. Un año después, nos encontramos manejando al país de Canadá para servir como misioneros.

EL DOLOR DEL LLAMADO: QUEBRANTAMIENTO

Mientras llegamos a nuestro hogar y nuestro nuevo país, estábamos abrumados con gozo y shock. El gozo del Señor para esta nueva temporada, y el shock de dejar todo atrás y entrando a lo desconocido. Nunca olvidaré las palabras del predicador, "¡El Señor no nos llama porque nosotros tenemos tanta experiencia y sabemos tanto; ¡Él nos llama para demostrarnos mucho más!" Mientras comenzábamos a ser pastores y supervisar el trabajo del Señor en Canadá, el Señor comenzó a bendecir y prosperar a Su iglesia. Ocho meses después de llegar, el Señor bendijo Su iglesia con la compra de un santuario y un hogar pastoral. Los misioneros anteriores, Rubén y Lydia Bernal, trabajaron juntos arduamente con la congregación en London, Ontario para recaudar fondos con la meta y sueño de comprar la primera propiedad de la iglesia para el país después de estar establecidos diez años. La iglesia estaba feliz y regocijando por todo lo que Dios estaba haciendo. Un servicio de inauguración fue planeado y preparado con gran anticipación, que nuestros líderes y autoridades estarían llegando de los EE.UU para celebrar esta victoria. El servicio fue hermoso y el Señor bendijo Su iglesia en este evento histórico.

El siguiente día después de todas las fiestas y todos se habían regresado a los EE.UU, nuestra familia decidió tomar un día de descanso y llevar a nuestros hijos a comer en un restaurante, que es algo especial para niños misioneros. Mientras estábamos disfrutando nuestro día libre y todo parecía normal, y mientras comíamos nuestra cena, de repente me sentí muy enferma. Mi corazón empezó a golpear dentro mi pecho, me sentí mareada, comencé a sudar con frío, sentí como que me iba desmayar, y no podía respirar. ¡Por la gracia de Dios, siempre estaba saludable y realmente nunca había pasado por ninguna enfermedad antes en mi vida! Yo no sabía que estaba pasando conmigo. El restaurante llamó a 911 y los paramédicos llegaron para atenderme. Yo pensé que estaba teniendo un ataque de corazón y los paramédicos no sabían que o porque yo tenía estos síntomas. Se apresuraron a llevarme al hospital y muchos exámenes fueron hechos. Los doctores no podían encontrar algo mal conmigo y me mandaron a la casa.

Como una semana después de ese incidente, yo estaba en la casa con mis hijas menores. De repente, los mismos síntomas comenzaron de nuevo. Me puse tan débil que me caí sobre el sofá y me quedé allí sin poder moverme. Vinieron los paramédicos y me llevaron con prisa al hospital de nuevo. Esta vez noté algo diferente...el momento que me empujaron por las puertas dobles del departamento de emergencia, ¡los síntomas pararon! Hicieron todos los mismos exámenes y no podían encontrar algo físicamente mal conmigo. En las semanas siguientes, tuve varios episodios con los mismos síntomas, yendo y viniendo al hospital. Estos episodios estaban tomando mucho de mi cuerpo y físicamente estaba más y más débil. No podía entender lo que estaba pasando conmigo y comencé a clamar al Señor. Solo sabía que estaba muy débil, y a veces simplemente me tiraba en el suelo cuando comenzaban los síntomas. Me encontraba de nuevo yendo al hospital o mi familia orando a mí alrededor. Solo podía rendirme a lo que estaba pasando.

Era el principio y el comienzo de una depresión y ansiedad que atacaba mi mente y mi cuerpo. Los doctores descartaron cualquier otra posibilidad y me diagnosticaron con tener ataques de pánico. ¡Ataques de Pánico! Nunca había escuchado de tal cosa, y solo sabía que se sentía como que estaba teniendo un ataque de corazón, y que cada vez que tenía los síntomas, sentía como que me estaba muriendo. Cada ataque me dejaba más y más débil. La depresión progresó al punto que ya no podía dormir y tenía insomnio. ¡Si podía dormir, era unos veinte o treinta minutos cada noche! ¡Mientras mi familia dormía en paz durante las noches, yo pasaba mis noches en el piso clamando a Dios! ¡Le pedía que tuviera misericordia de mí y que me sanara! El cuerpo necesita dormir, y cuando no lo recibe, comienza a apagarse. Yo recuerdo no teniendo emoción y nomas entumida emocionalmente. No podía enfocarme o pensar claramente. Dejé de cuidar de mi familia, dejé de cocinar, limpiar, y un día mientras trataba de poner una ropa a lavar, no podía recordarme como separar los colores de la ropa blanca. Otro día mientras estaba planchando las camisas de mi esposo, olvidé planchar un lado de la camisa y no me fije hasta que se la di. Un día llevé a los niños a un lugar de comida corrida, y no pude enfocarme suficientemente para ordenar una comida sencilla para mis hijos y empecé a llorar en frente de la cajera. Ya no podía hacer las cosas sencillas del diario vivir. La falta de sueño había afectado mi cuerpo, mi mente, mis emociones y mi espíritu. Todo de mi estaba débil. Había días cuando mis hijas pequeñas se acercaban a mí, buscando mi atención, y no las miraba porque no podía enfocarme, y muy débil. Eran días oscuros para mí; días donde el enemigo atacaba mi mente y trataba de hacerme pensar que yo me iba a morir.

Llegó al punto en que mi hija mayor tuvo que intervenir y comenzar a cocinar, limpiar y cuidar a las dos niñas más pequeñas. Dejé de comer y estaba perdiendo mucho peso. Me puse tan mal que mi esposo tenía que recordarme que comiera, y una vez me recuerdo que él me dio de comer por cuchara. Todo esto causo estrés sobre todos en mi hogar. Yo recuerdo que mis hijos se pelaban unos con los otros debido a la presión que mi estado estaba causando. Me sentaba en la sala de mi casa llorando mientras era testigo de la carga que estaba causando a mi familia. Había momentos cuando los ataques de pánico eran tan graves, que me tiraba en el suelo y clamaba a Dios que tuviera misericordia. Mi esposo y mis hijos ya no me podían reconocer. Yo recuerdo que mi esposo dijo, "¡Yo simplemente quiero a mi esposa de vuelta!"

Las noches eran lo peor, y temía que el sol se bajara. Yo recuerdo que llegaba el enemigo en la noche diciéndome, "¡Dejaste todo por tu Dios solo para que Él te traerá aquí para morir! ¡Vas a regresar a casa en una caja! ¡Todo por tu Dios!"

¡Nunca había experimentado este tipo de guerra espiritual en mi vida! El enemigo me atacaba con toda fuerza a mi mente con muchas mentiras. Comencé a estudiar la Palabra de Dios, y por la primera vez pude entender completamente lo que era la guerra espiritual y que era real. Y por la primera vez estaba completamente quebrantada de espíritu, cuerpo y mente. Todo mi ser estaba débil y quebrantado. Yo estaba en lo más bajo sin ningún lugar para mirar, solo hacia arriba. Busqué a Dios por respuestas, y oraba y oraba. La oración era todo lo que tenía. Esto era un quebrantamiento del cual yo no tenía ningún control. No sabía a dónde esto estaba yendo, y no sabía cómo hacerlo desaparecer.

Todo esto estaba pasándome a mí, mi esposo, mi familia y mi hogar, mientras éramos misioneros, pastores y supervisores de un país. ¿Cómo podía ser esto? ¿Y porque el Señor permitía algo tan feo en mi vida? ¿Qué hice mal? Esta pregunta le hacía al Señor muchas veces. Y le rogaba Su perdón, en caso de que había algo que no podía recordarme. Aún, el quebrantamiento continuaba.

¡Estaba tan desesperada de escuchar de Dios! Un día otro misionero, un hombre de Dios me llamó del otro lado del mundo. El obispo Joe Prado me llamó para decirme que el

Señor le demostró lo que me estaba pasando. Este hombre de Dios, junto con su esposa, Hna. Patty Prado, oraron por mí y me caminaron por lo que estaba pasando en mi vida. El Hno. Prado profetizó sobre mí y me dio una palabra del Señor: "¡Un día tu estarás ministrando a muchas mujeres!" ¡Yo recibí esa palabra y lo creí con todo mi corazón! Pero en medio de mi quebranto y dolor, ni pude comenzar a tratar de entender lo que la palabra significaba o pensar de cuando sucediera. ¡Solo quería mi sanidad!

Una noche mientras mi familia dormía y yo estaba en el suelo orando, el enemigo vino, como siempre lo hacía en la noche, para decirme la misma cosa. "¡Tu dejaste todo por tu Dios, solo para venir aquí a morir!" ¡No sé cómo, pero junté toda la energía que tenía y finalmente le respondí! Decidí contestar y reprender al enemigo y le dije, "¡Bueno, si me muero, me muero! ¡Pero, el Señor me llamó aquí y haré y terminaré lo que Él me ha mandado hacer!"

¡De repente, algo dentro de mí se levantó! ¡Una pelea! ¡Una pelea de creer a Dios y no al enemigo! Cada día era una batalla. A veces tenía buenos días, y a veces tenía malos días. Todo lo que tenía era la oración, Su Palabra, una promesa y algo de fe para SEGUIR CREYENDO.

LA CASA DEL AFARERO:

Había una casa del alfarero unas cuantas millas de nuestro hogar en Canadá y en uno de mis días "malos," mi esposo decidió llevarme allí. Era un lugar muy hermoso y sereno con un lago en medio de la propiedad. Había dos edificios en la propiedad, la casa del alfarero y una tienda de regalos donde vendían todos los vasos hechos a mano. Cuando llegamos, el alfarero estaba preparando hacer un vaso y era tan amable de ensenarnos el proceso. Compartió con mi esposo y conmigo que antes de poner el lodo sobre la tabla, primero tiene que trabajar el lodo con sus manos y golpearlo sobre una mesa de concreto frío para sacarle las burbujas de aire. Mientras el alfarero colocó un pedazo de lodo sobre la tabla, comenzó a formar un vaso. Lo mirábamos con maravilla y asombro de poder ser testigos de cómo un vaso se estaba formando en frente de nuestros ojos. Yo recuerdo que me sentía tan honrada, y un sentido de propósito en el cuarto. Yo podía sentir el temor de Dios en mi espíritu porque sabía que el Señor tenía un mensaje para mí. Mientras mirábamos al alfarero trabajar el lodo y formar el vaso sobre la tabla, me fije que sus manos estaban tan sucias. Noté a los instrumentos afilados que él estaba usando para cortar el lodo. Todo ese tiempo estaba pensando, "¿Será lo que Estás haciendo conmigo, Señor?" Mientras el alfarero cortaba el exceso de lodo del vaso, casi podía sentir su dolor. Sentí abrumada por lo que estaba mirando, solo quería correr de la casa del alfarero y clamar a Dios. Y aun, yo podía escuchar al Señor decirme, "Eres tú." ¡Mientras el alfarero continuaba de formar el vaso, de repente, y sin aviso, el alfarero aplastó y estropeó el hermoso vaso! ¡Aplastó el vaso que estaba haciendo y ya casi lo terminaba! Mi esposo y yo nos miramos con asombro y le preguntamos al alfarero ¿por qué hizo esto?

El alfarero dijo, "Lo aplasté porque mientras estaba trabajando con el vaso, podía sentir las burbujas de aire con mis dedos." Explicó que las burbujas de aire estaban muy pequeñas para verlas con el ojo humano, pero que él lo podía sentir con sus dedos. Sin embargo, le preguntamos que iba hacer con el vaso estropeado...y su respuesta era de regresarlo y comenzar el proceso de nuevo. Mi esposo estaba intrigado con lo que estábamos mirando y le preguntó qué hubiera pasado si dejara que el vaso continuara el proceso. ¡El alfarero explicó que si hubiera permitido que el vaso continuara el proceso en el horno, cuando subía la temperatura, el vaso se hubiera explotado durante el fuego intenso y los pedazos hubieran perforado y destruido los otros vasos a su alrededor! ¡No les puedo decir lo que ese día en la casa del alfarero me hizo! Me humilló, me habló, y el Señor abrió mis ojos para entender que yo era un vaso en la tabla del Alfarero.

Jeremías 18:1-6

"Palabra de Jehová que vino a Jeremías, diciendo: Levántate y vete a casa del alfarero, y allí te haré oír mis palabras. Y descendí a casa del alfarero, y he aquí que él trabajaba sobre la rueda. Y la vasija de barro que él hacía se echó a perder en su mano; y volvió y la hizo otra vasija, según le pareció mejor hacerla. Entonces vino a mí palabra de Jehová, diciendo: ¿No podré yo hacer de vosotros como este alfarero, oh casa de Israel? dice Jehová. He aquí que como el barro en la mano del alfarero, así sois vosotros en mi mano, oh casa de Israel."

El Señor usó la experiencia de la casa del alfarero para revelarme lo que Él estaba haciendo en mi vida. Estaba quebrantada, estaba siendo atacada, estaba débil, deprimida, doliendo, humillada, y me estaba formando el Maestro Alfarero. Decidí de permitirme estar en la rueda del Alfarero completamente rendida. Mi sanidad era un proceso, pero era conforme a la voluntad perfecta de Dios.

Si, la sanidad viene cuando Él elije que venga. Cuando Él ha cumplido un trabajo en ti. Y aún, ese trabajo todavía necesitara ser perfeccionado. Una cosa es segura...

"No moriré, sino que viviré, Y contaré las obras de JAH." Salmo 118:17

Dios ha guardado Su promesa sobre mi vida. He tenido que confiar y creer en Dios. Yo nunca me imaginaba donde el proceso me estaba llevando, pero era más que pudiera imaginar en mi mente. He visto al Señor sanar físicamente, emocionalmente, mentalmente, y restaurar y liberar a Sus hijas. Mi dolor me ha llevado a un lugar en Dios y vida que nunca imaginé posible. He llegado a entender el precio de la unción, pero más importante, la responsabilidad de guardarla. He aprendido a seguir CREYENDO.

¡Y bienaventurada la que creyó, porque se cumplirá lo que le fue dicho de parte del Señor! Lucas 1:45

El Señor elige usar vasos rotos. Él usa vasos que conocen dolor y que entienden que el dolor tiene su propósito. Él usa vasos que han visto la mano de Dios sobre sus vidas. Vasos que han quebrado y sanado.

Si, Dios te puede usar...

Información de Contacto:
Dianacardenas6583@gmail.com

"¡Gracias por leer! Si disfrutaste este libro o lo encontraste útil, estaría muy agradecido si publicaras un breve comentario en Amazon. Tu apoyo realmente hace la diferencia.

¡Gracias de nuevo por tu apoyo!"

George Pantages Ministries

Books Available in English

George Pantages Ministries
Cell 512-785-6324
GEOPANJR@YAHOO.COM
GEORGEPANTAGES.COM

George Pantages Ministries

Libros Disponibles en Español

George Pantages Ministries
Cell 512-785-6324
geopanjr@yahoo.com
georgepantages.com

www.ingramcontent.com/pod-product-compliance
Lightning Source LLC
LaVergne TN
LVHW051605070426
835507LV00021B/2775